吉姆·罗杰斯的大预测

剧变时代的投资智慧

ジム・ロジャーズ大予測
激変する世界の見方

[美] 吉姆·罗杰斯 著　韩涛 译
Jim Rogers

机械工业出版社
China Machine Press

图书在版编目（CIP）数据

吉姆·罗杰斯的大预测：剧变时代的投资智慧 /（美）吉姆·罗杰斯（Jim Rogers）著；韩涛译 . -- 北京：机械工业出版社，2022.1
ISBN 978-7-111-69588-2

I. ①吉… II. ①吉… ②韩… III. ①经济预测 – 日本 IV. ① F131.332

中国版本图书馆 CIP 数据核字（2021）第 231654 号

本书版权登记号：图字 01-2021-2739

Jim Rogers. ジム・ロジャーズ大予測：激変する世界の見方 .
Copyright © 2020 Jim Rogers. Original Japanese edition published by TOYO KEIZAI INC.
Simplified Chinese Translation Copyright © 2021 by China Machine Press.
Simplified Chinese translation rights arranged with TOYO KEIZAI INC., through Bardon-Chinese Media Agency. This edition is authorized for sale in the People's Republic of China only, excluding Hong Kong, Macao SAR and Taiwan.

No part of this book may be reproduced or transmitted in any form or by any means, electronic or mechanical, including photocopying, recording or any information storage and retrieval system, without permission, in writing, from the publisher.

All rights reserved.

本书中文简体字版由 TOYO KEIZAI INC. 通过 Bardon-Chinese Media Agency 授权机械工业出版社在中华人民共和国境内（不包括香港、澳门特别行政区及台湾地区）独家出版发行。未经出版者书面许可，不得以任何方式抄袭、复制或节录本书中的任何部分。

吉姆·罗杰斯的大预测：剧变时代的投资智慧

出版发行：	机械工业出版社（北京市西城区百万庄大街 22 号　邮政编码：100037）
责任编辑：	顾　煦
责任校对：	殷　虹
印　　刷：	北京诚信伟业印刷有限公司
版　　次：	2022 年 1 月第 1 版第 1 次印刷
开　　本：	147mm×210mm　1/32
印　　张：	5
书　　号：	ISBN 978-7-111-69588-2
定　　价：	45.00 元

客服电话：（010）88361066　88379833　68326294　　投稿热线：（010）88379007
华章网站：www.hzbook.com　　　　　　　　　　　　读者信箱：hzjg@hzbook.com

版权所有 · 侵权必究
封底无防伪标均为盗版　　本书法律顾问：北京大成律师事务所　韩光 / 邹晓东

| 前 言 |

新冠肺炎疫情让整个世界陷入一片混乱。我们似乎已经感觉到第二次世界大战（二战）后最严重的一次经济衰退正在朝我们走来。经济和市场被前所未有的不安情绪所笼罩。

世界股票市场连日来持续暴跌，纽约股市在3月16日一天内下跌2997点，创下历史纪录。与此同时，实体经济也遭受到沉重打击。美国圣路易斯地区联邦储备银行总裁布莱德甚至预测，4～6月美国的GDP有可能达到50%的负增长，失业率有可能攀升至30%。

未来，世界经济、金融、市场乃至人类社会将发生怎样的改变？这种不确定性又会给国际政治、地缘政治的走向带来何种影响？

带着这些问题，我们与世界著名投资家，尤其曾多次对资本的流向做出成功预判的吉姆·罗杰斯先生进行了紧急访谈。

访谈中，罗杰斯先生指出，我们必须认识到人们已经被一种极端恐惧的心理所支配，世界经济将不可避免地陷入一场大恐慌。

本次访谈在新加坡吉姆·罗杰斯先生的家中进行，我们先后两次对其进行了长达10余个小时的访谈。负责访谈任务的就是本书的编者。

之后，本书的编者和编辑部对采访稿进行了日语翻译并整理成书。需要说明的是，在不违背罗杰斯先生原意的前提下，编辑部对书中的数据进行了适当补充。

倘若本书能帮助读者加深对世界经济以及国际政治的理解，我们将万分荣幸！

本书编辑

| 导 读 |

罗杰斯先生对于中国投资界是非常熟悉的老朋友了,在过去的十几年间经常来中国造访。同时中国的机构也非常喜欢请他过来。罗杰斯先生华丽的投资战绩、对中国文化的向往和对中国未来的乐观展望让他在中国收获了大批粉丝。

第一次见罗杰斯先生记得是在大约2006年的杭州。在西湖边的一个很大的会场,进去发现会场里乌泱泱大概有两千人,坐在后排只能看见远远的一个身影。怀着对国际投资大师的景仰,竖起耳朵听了一个半小时的讲座,这场讲座一半时间演讲一半时间翻译,实际上真正讲的时间也就45分钟,45分钟里一半的时间在讲他的女儿,剩余大约20分钟时间就在说中国经济多么好,中国股票多么有潜力,然后用女儿名义买了股票会一直持有,然后就结束了。听完感觉很模糊，意犹未尽。

在和讯网任职期间，我与罗杰斯先生的互动多了许多，罗杰斯先生也给了和讯网很多支持，参与了几次活动，也接受了独家采访。很长一段时间，我对罗杰斯先生的认知是比较模糊的。一方面看他的讲座和言论，难以捕捉到眼前一亮、醍醐灌顶的理论；另一方面翻看其投资生涯的各种实战，又是充斥着各种传奇与神话。抛开他早年和索罗斯一起创办量子基金不谈，就从1980年之后独立投资来看，战绩也是斐然：

- 1984年，奥地利股市暴跌，罗杰斯大量买入当地企业股票、债券，随之奥地利股市暴涨。
- 1987年，美国股市大涨之后，罗杰斯大量做空美国股票，在年底美国股市果然大跌。
- 1988年，日本股市大涨之后停滞不前，罗杰斯大量做空日本股票，之后日本股市也果然大跌。

那么从他的言论来看似乎没有特别过人之处，但是在市场确实也能呼风唤雨,那就可能是两种原因,一种是他重要的东西没说,另一种就是我们没能够理解。

到底是哪一种原因,其实耐心看完这本书特别的书,或许就可以有答案。

这本书有什么特别?

第一,这是一本翻译于日语的书。是日本作者在新加坡采访罗杰斯整理出的书稿。原作者和罗杰斯先生当时都不会知道该书会在中国出版,所以可以理解为完全排除掉与中国社交因素的客观认知。尤其对当着日本记者面表达对中国的看法,能让我们看到完全不一样的视角。

第二,我们可以通过此书了解日本,也了解罗杰斯对日本现状的看法。二战之后,日本经济快速复苏,一度排到世界第二,当前又面临衰退的压力。可以说,中国当今面临的许多困难和挑战在日本之前都出现过。看当今的日本有助于我们思考二三十年后的中国。当然,历史不会简单重复,尤其我们会借鉴、反思、避险,走出中国自己的发展道路。但是日本曾经和现在出现的问题和状况,绝对值得我们学习和思考。

第三,这是一本2020年年中成稿的书,书中有大量观点和预测,距今已经是过去式了。我们可以看到当中有些预测极其准确,也能看到有些预测并不应验。如果只是简单的看个热闹——"这个说对了""这个没说对",那么就是以毛相马、以辞取人了。相对于简单去比对预测的准确率,分析其思维逻辑则更有意义。

由于本书是由访谈整理而成,虽然按照大类进行了四个章节的划分,但是实际上章节之间的思维界限并不算特别明显,所以在阅读的时候,我采用的方式是梳理其中的四种逻辑线路,即:经济逻辑、政治逻辑、社会逻辑、投资逻辑,供读者参考。

经济逻辑

罗杰斯先生的观点是新冠疫情会导致全球性的经济衰退,其理由是各种经济活动停摆,世界各国的联系被阻断,并且市场的强烈预期已经发生。而且疫情使得人们的工作和生活方式都出现了转折性的变化。但是危机是"危"和"机"并存的。疫情对各种经济活动的影响也不尽相同，比如航空、能源、旅游、餐饮、休闲、娱乐等行业受影响会很大。而像科技产业等一些新兴领域的企业负债相对较少、现金流充裕，可能受负面影响小。

同时重点逻辑是，经济衰退未必直接引发金融危机，因为有政治逻辑存在。

政治逻辑

各国的政治需求，导致各国央行会出台相应的政策救市。其手段概括而言就是货币宽松：印钱、举债、降息等。其目的是为了防御经济衰退导致金融危机的发生，而这些举措表面上会导致金融市场快速反弹，但是长期来说并没有解决根本性问题，属于"火上浇油"，只是把本应该当前发生的问题甩到了更远的将来。对此罗杰斯先生有着一针见血的评论——"政治家原本应以长远的目光思考国家的各项事务，然而，实际上他们却只关心选票的问题。在这一点上不论日本、美国还是欧洲各国，无一例外。"

从经济逻辑到政治逻辑，可以推演出当前发生了什么，即将可能发生什么，各国政府会如何做，做了之后社会会有怎样的变革，同时市场会有怎么样的反应……这就自然产生了社会逻辑和投资逻辑。

社会逻辑

新冠疫情让世界的巨大变革提前到来，首先欧美经济陷入长期衰退，中国短期会有债务压力但长期乐观，中国香港、朝鲜半岛、东南亚都面临着显著的变化——这些是全球宏观层面的社会变革。其次就日本人而言，日本的快速增长周期已经结束，市场缩小、技术停滞、世界地位下降等都是直接的表现形式，最主要的是少子化和老龄化危机——这些是聚焦在日本的微观层面的观察。罗杰斯并未因为采访者是日本人而对日本做出乐观评价，反而表达了对日本未来的看空和担忧。

投资逻辑

在梳理完经济逻辑、政治逻辑和社会逻辑之后,投资逻辑就会变得非常清晰。罗杰斯先生的投资逻辑可以分为空间维度和时间维度上的考量。

从空间维度上来说,需要放眼全球,明确全球各个区域,各个经济主体的长期发展走向,不仅要投资于那些有发展潜力的新兴市场,更重要的是投资于那些发生过灾难的国家。

从时间维度上,市场总是有所起伏,罗杰斯先生反对在市场中追逐公认的热点投资标的,而是能把握好自己的投资节奏。在多数人看多、市场火热的时候离场,在多数人恐慌、市场暴跌的时候进场。无论是在股市、金银、工业品上,还是农产品上都是一样的逻辑。

我们在投资的时候,很多人说,道理我都清楚,但是做的时候就走样了。本来是长期看好准备拿上几年不动,结果市场洗盘洗了两天就跑了。事实上,这些道理你并不真正"都清楚"。罗杰斯先生在本书中讲述了想要从事投资的人应该怎么去规划自己的生活。投资绝不是可以轻松赚钱、不劳而获的工作。恰恰相反,因为其需要的能力和知识储备要求相当高,需要放眼全球、了解历史、学习哲学、储备专业知识、储备初始本金;在研究时不要听信别人的宣传,而是要坚持自己调查、自己得出结论。在实践中不断总结、不断提高。

在本书完稿时,罗杰斯先生已经是79岁高龄。与绝大多数老人家不一样,罗杰斯先生仍然关注着世界的一举一动,亲自到世界各地旅游与投资调研,对世界各地的经济状况、财政政策、生活状态如数家珍。无论年龄多大,始终保持不断学习、不断投资、不断总结的习惯,这给有志于在金融行业发展的年轻人做了很好的表率。

方 志

资深交易者,广东海象基金总经理

| 目　录 |

前　言

导　读

第 1 章　疫情危机会引发二战后最大的危机吗　◎1

即将到来的金融危机，将是我一生中见到过的最大危机 / 被"恐慌"控制的市场，挽救经济却无计可施 / 航空公司、页岩气相关公司的倒闭将难以避免 / 世界经济恐慌前夜，日本也将接二连三地出现大规模破产 / 世界各国央行的错误行为将何时结束 / 面对空前的危机，个人投资者该何去何从

第 2 章　未来，世界将会怎样改变——世界各主要国家的衰退与中国的崛起　◎ 33

欧美经济必将在此次疫情危机中走向衰落 / 疫情危机成为特朗普连任的"拦路虎"/ 史无前例的危机将加速中国的崛起 / "一带一路"构想将在美国衰退中迎来更多机遇 / 知之者甚少，中国的软肋是水资源问题 / 香港地区今后还会继续成为亚洲的金融中心吗 / 朝鲜半岛未来 10～20 年将成为极具魅力的投资地区 / 美日两国都不期盼朝鲜半岛实现统一 / 东亚的发展将给日本带来千载难逢的机遇 / 厌恶变革的日本人将与赚钱的良机失之交臂 / 现在，全球投资家正在关注哪些国家和地区

第 3 章　20 年后或许将上演现实版的"日本沉没" ◎ 73

我若是日本人，要么逃离日本，要么学会用 AK-47（自动步枪）/ 对外国人而言，日本是个极度不便的国家 / 若不将目光投向海外，日本的市场只会不断缩小 / 技术大国已成为昔日神话，日本的存在感正在不断下降 / 面对变革，日本人表现出极度恐惧的心理 / 要想激活潜能，日本唯有依靠具有创新精神的企业家 / 旅游和医疗是日本最具竞争力的优势领域 / MMT 是极其愚蠢的理论 / 我若是日本的政治家，将率先着手应对少子化和移民问题

第 4 章　用世界通用的常识思考人生规划和投资战略　◎109

在海外，人们比日本人更加致力于教育／外语能力在全球化的社会中将是强大的武器／海外投资对于正在走向贫困的日本来说是不可或缺的／人生100年时代，我们应该如何规划人生／投资的原则非常简单，就是"低买高卖"／投资成功的法则①——拼命工作积累财富／投资成功的法则②——成为某个领域的专家，扩大知识储备／投资成功的法则③——谨慎投资后耐心等待／投资金银是应对不安时代的正确做法／若想人生和投资获得成功，必须了解世界，学习历史和哲学

后记　日本人今后需要更好地认清现实、居安思危、积极行动　◎137

主编介绍　◎141
作者介绍　◎142

第 1 章

THE GREAT PREDICTION OF JIM ROGERS

疫情危机会引发
二战后最大的危机吗

即将到来的金融危机，
将是我一生中见到过的最大危机

Q：本次危机让全球市场陷入了一片混乱。

罗杰斯：全球经济危机的到来已经无法避免，其最大的原因是在世界范围内出现经济停滞，国境线封闭，人员往来断绝的现象。航空公司、酒店、电影等行业濒临破产，大量的工厂、学校、政府机构也纷纷关闭。

因此，在经济危机结束前，情况会持续恶化。美国知名投资银行高盛曾预估美国2020年4～6月的GDP会出现24%的负增长。一个季度经济负增长24%的情况，可以说是有史以来最大的负增长。

此外，美国圣路易斯联邦储备银行总裁布拉德也预测，美国4～6月的GDP有可能达到50%的负增长,失业率有可能攀升至30%。显然,这已经不是"经济会不会陷入萧条"的问题了。

可以肯定的是,这次的金融危机将是我有生以来遇到的最大的一次。美国股市有史以来尚未出现过如此大的跌幅。一个月竟下跌25%,3月16日更是一天暴跌了2997点。不论1929年的大萧条,还是19世纪的金融危机都从未像这次一样。

股价波动是金融市场参与者恍若惊弓之鸟的有力证明,稍微一有风吹草动就过度反应,而且是无一例外地朝着负面的方向反应。全球最成熟的美国股市,连续出现数周一日上下波动1000点以上的状况,宛如一个刚刚开市不久的新兴国家股市。

恐怕股价的下跌在未来也会持续下去,50%、60%、70%,甚至更严重的下跌都有可能出现。实体经济的下滑,早晚会引发金融机构的破产与金融系统的紊乱。我无法断言这种情况何时会出现,但一定会发生。我认为，即将到来的金融危机将是我人生中最大的一次。

Q：理由是什么呢？

罗杰斯： 自 2008 年以来，全球债务规模在与日俱增。2008 年金融危机的时候，中国利用手头的现金，进行了"四万亿"投资才使情况转危为安。时至今日，中国的债务在不断攀升。而美国的债务情况更是不断恶化。美联储的资产负债表在过去的 12 年间扩大了 500%。这种情况可是前所未有的。

日本也是如此，日本银行⊖在不停印钞的同时，大量购买 ETF 和国债，导致债务激增。这是日本央行想通过各种可能的办法来避免发生金融危机的举动。

但日本央行也不可能无限制地增加债务，挽救措施终有用尽的那一天。到那时，等待我们的将是市场

⊖ 日本银行（Bank of Japan）是日本央行。——编者注

参与者行为方式的改变。到了那个时候，恐怕已经无人能拯救全球经济，所以我说，即将到来的将是一次最严重的金融危机。

Q：市场下滑的幅度远超预期。

罗杰斯： 股票市场短时间内如此暴跌是我从未经历过的。但就暴跌的原因而言，新冠肺炎疫情仅仅是其中的一个而已。

在此之前，美国的股市在过去十余年间一直在持续上涨，从未跌过。实际上，这也是前所未有的现象。特别是暴跌前的两三个月，一直呈直线上升趋势。股票价格也处于超过极限的水平。

在这个节点，美联储下调了利率。同时，企业债务也在不断膨胀，所以造成大盘下跌的理由绝不仅仅是新冠肺炎疫情。

第 1 章
疫情危机会引发二战后最大的危机吗

媒体总是乐于在编造市场下跌的理由上做文章，对市场参与者而言，此次疫情也是一个绝佳的理由。而且，各国政治家也想以疫情为借口逃避指责，他们可以向公众交代，造成现在的局面并非自己的过失，而是新冠肺炎疫情所致。

被"恐慌"控制的市场，
挽救经济却无计可施

罗杰斯：有报道称，3月中旬美国的失业保险申请数激增至300万份（到3月下旬达到660万份）。之所以如此，是由于大量企业陷入困境，不得不解雇数以千计的员工或令他们居家待业。

雷曼危机时，首先爆发的是金融危机，之后又从金融领域蔓延至制造业（第二产业，生产领域）以及服务业（第三产业，消费领域），导致经济不断恶化。具体而言，金融危机发生后，企业资金周转困难，从而引发了制造业危机。而生产陷入危机导致消费恶化，又波及了服务业。但是，此次经济危机爆发的顺序正好与之相反。首先出现问题的是消费业，其低迷造成企业业绩恶化，进而引发金融领域的恐慌。

第1章 疫情危机会引发二战后最大的危机吗

Q：新冠肺炎疫情的全球大流行使全球陷入恐慌。

罗杰斯： 事实上，美国每年死于流感的人数有 4 万人，而全世界每年死于流感的人数至少有几万，甚至是几十万。因此，从数字上看，当时新冠肺炎疫情还没有媒体报道的那么恐怖。

但全世界似乎已经深陷恐慌，由于媒体的反应过激，政治家们也不得不采取相应的对策，积极应对。过去，媒体为了增加报纸销量，总爱报道一些和战争或危机有关的信息。此次新冠肺炎疫情可谓现代版的"冲报纸销量的最佳借口"。

对市场而言，此次危机显然是人为造成的不必要恐慌，但由于恐慌已经真实出现，我们已经无法将其遏制，也无法阻止股票暴跌。因此，不论是否具有蓄意性，投资者们都会继续抛售股票，这就是当下的现实。对于看空市场的投资者和媒体而言，他们确实成功了。

Q：此次新冠肺炎疫情会引发"社会革命"吗？

罗杰斯： 是否会引发社会革命，目前来看还言之过早，但新冠肺炎疫情有可能让原本需要几年甚至几十年才会发生的变化提前到来。比如，原本并不在家办公的人开始居家办公，此次疫情让这样的人急剧增加。此外，由于疫情的缘故，选择网购以及外卖的人数也呈爆发式增长，诸如此类的变化已经发生。也许多年以后，回顾2020年的时候，我们会说"正是新冠肺炎疫情，使我们的工作和生活方式发生了如此大的变化"。所有的危机都会孕育新的变化。正如汉字"危机"一词所示，"机会"总在"危险"后孕育而生。

航空公司、页岩气
相关公司的倒闭将难以避免

Q：股价下跌的同时，原油价格也一落千丈。

罗杰斯： 原油价格现在已经接近地板价。若多年以后回顾当下的话，我们很可能会有这样一个共识，"2015年至2021年的价格变动竟是如此复杂"。

当然，疫情过后，原油价格还会上涨。但就以往而言，已经触底的资产会呈现出复杂的价格波动，并连续数年在低位横盘。现在的油价就处于这样一个阶段。我已经做空原油，暂时不会重新买入。

Q：该如何看待随着原油价格的暴跌，原油与页岩气相关的高收益债券（垃圾债）利率在不断攀升呢？

罗杰斯： 很明显这是一个危险的信号。这是页岩气相关产业陷入危机的开始，也可能会波及其他信用等级较低的企业或者ETF基金。

近几年来，人们一直在鼓吹以页岩气为首的能源产业迎来了春天。只要说自己从事相关产业，就有人愿意不断地借钱给他。等反应过来的时候，巨大的泡沫已经形成。以前，只要听到水力压裂法（fracturing）的首字母F，大家就会争先恐后地掏腰包。不过，现在大家已经明白其实收益没有那么高，水力压裂法的投资泡沫也就破裂了。

这就像大概20年前的互联网泡沫，泡沫虽然破了，但这之后互联网行业依旧存在。因此页岩气相关产业也不会消亡，但水力压裂法相关企业想要再筹措资金可能就没那么容易了，因此会导致一些企业破产，当然这也会殃及其他行业的高收益债或垃圾债。

在美国近年来的低利率政策下，投资者为了提高收益率，只能将手伸向期限更长、评级更低的公司债，其中对信用风险视而不见的投资者也大有人在。当市场整体处于上升阶段时，自然不会发生什么问题。但当整个市场开始反转时，风险资产会带来巨额的损失。那些低评级的企业由于债务超发，会立刻陷入筹资困难的窘境，企业自然也无法存续。

Q：会有更多企业陷入经营危机吧？

罗杰斯：我想一定会这样。因为在这种情况下，最脆弱的是那些背负巨额债务的企业。相反，像科技产业等一些新兴领域的企业一般来讲负债相对较少、现金流充裕，它们生存下去的可能性或许更大。

目前处境最为艰难的当属航空公司。因为不少国家都设置了出入境限制，因此各家航空公司不得不大幅缩减运营规模。

国际航空运输协会（IATA）表示，由于新冠肺炎疫情蔓延、旅客需求减少，2020年全球航空公司总收入将比上一年度减少约2520亿美元，降幅达到40%以上。另有报道称，同样受到影响的还有中美两国的航空公司，我想日本的日本航空（JAL）和全日空（ANA）恐怕也需要政府出台相应的救济措施才能渡过难关。

由于航空公司的日常维护费用极高，因此它们手中大都没有充足的应急资金。而且越是规模大的航空公司，其收益模式也往往越依赖于国际航线，因此受到的冲击也就越大。而且，如果事态进一步恶化，人员移动限制扩大到国内航线的话，那么一些中小航空公司也将深陷困境。

此外，旅游、餐饮、休闲、娱乐等产业也将因人员移动受限而损失惨重，今后宣告破产或被吸收、合并的企业恐怕会不断增多。

世界经济恐慌前夜,日本
也将接二连三地出现大规模破产

Q:日本企业也不例外吧。

罗杰斯:当然不会例外。

比如,优衣库、无印良品等,很多零售连锁店以及餐饮连锁店都已经被迫停业。此外,依赖旅游和外国游客的企业也将损失惨重。不仅如此,由于访日游客数量骤减,日本的连锁酒店、百货商场、药妆店、化妆品店等也必将受到牵连。全世界现在都陷入了一种混乱状态,因此受损企业的范围将会逐步扩大。

在日本国内,由于政府采取了限制外出的措施,因此以东京迪士尼为代表的娱乐、休闲产业不得不闭园、停业。受此影响,电影、演唱会等文娱行业将势必举步维艰。新加坡的情况也大抵如此。由于未来前景并不明朗，限制外出的管控措施也不知会持续到何时，因此那些债务越少的企业，生存下去的可能性也就越大。但它们也并非因此就可以高枕无忧。

未来，随着事态的发展，危机将从服务业蔓延到制造业。汽车行业将会首当其冲。为了应对危机，各国采取了限制经济活动的措施，因此日本的支柱产业——汽车行业也势必会受到冲击。

2020年3月中旬以后，世界各大知名汽车制造商，如德国的大众，美国的通用、福特、克莱斯勒等都已经被迫停产。日本本土的厂商也在劫难逃。其中，美国汽车市场的混乱给日本的汽车行业带来的冲击将是前所未有的。

因为美国汽车市场不仅销量巨大，而且还是高端SUV（运动型多用途汽车）、皮卡车等车型的重要消费市场，因此每辆车的平均利润会相对较高。

第 1 章
疫情危机会引发二战后最大的危机吗

Q：中国是当今世界最大的市场，您认为其前景如何呢？

罗杰斯：如果中国政府发布的数据准确无误，显然中国已经过了疫情峰值。有报道说中国的部分工厂已经开始复工复产。

中国虽然是世界最大的市场，但对日本的汽车制造商而言，我认为最重要的还是美国市场的动向。如果美国的汽车市场没有恢复，就会给日本制造商造成重创。此外，汽车行业作为日本经济的支柱产业，与之相关的产业不仅范围广，而且从业人员多，因此如果汽车行业萧条，外包及周边企业也将受到影响，同时日本的劳动力市场势必遭受严重打击。

世界各国央行的
错误行为将何时结束

Q：实体经济出现了严重萧条，世界性经济危机是否无法避免？

罗杰斯：出现经济危机的可能性极高，但危机未必马上就会到来。因为世界各国的央行都在竭尽一切办法救市，这很可能会引发下一个泡沫。

事实上，雷曼危机的时候，就有人说这是"百年不遇的一次经济危机"。但在那之后的仅仅数年内，就出现了规模更大的金融泡沫。雷曼危机时，全世界的金融资产是全球 GDP 的 3 倍，而在此次股价暴跌前，这一比例已经膨胀到了 4 倍。

各国央行此次也试图采取应对雷曼危机时的对

策。为此，美国联邦储备银行（FRB）在 3 月 15 日当天一口气将政策性利率下调至 0%。我们知道，2008 年雷曼危机后，美联储用了 10 年时间才缓慢地将利率从 0% 提升至 2.25%～2.50%，然而却在短短 10 天内让其重新归零。

仅仅两天后，美联储又紧急宣布将购买部分企业发行的商业票据（CP），以帮助它们解决短期融资问题。原本应是"银行之银行"的央行，不得不再度恢复了雷曼危机时采用过的应急措施——向证券公司提供融资。紧接着，美联储又实施了无限度的量化宽松政策并引入购买企业债券的制度，以表达向非金融机构提供直接援助的强烈决心。

倘若这一连串的错误政策奏效，市场或许会出现巨大的反弹。不要忘了，现在不只是美联储，全世界的央行都在实施宽松的货币政策，这势必会加快反弹的出现。而且，在此之前全球央行就已经在加印钞票上达成统一，印出的钞票数量更是创下历史新高，加之新冠肺炎疫情的影响，它们又进一步加大了量化宽松政策的力度，开始到处撒钱。

日本银行此前就一直在购买国债和交易所交易基金（ETF）。据说如果再继续下去，日本银行将会成为日本最大的股东。然而这是央行该做的事情吗？它们显然是在为这份狂热推波助澜。

在我的印象里，过去的日本人，每个人都在为改善生活而拼命工作。为了提高技术，开发人员会埋头苦干到深夜，直到汗水浸透衣襟、双手满是污渍。营销和后勤人员也是如此。谁又会想到，有一天日本人竟会通过不停地印钱来换取幸福生活呢？

各国政府也同央行一样，它们打着刺激经济的名义，不断支出巨额资金，在那里火上浇油。例如，美国政府准备了2万亿美元的资金，德国政府则准备了7500亿欧元，日本政府也同样准备了大规模的财政支

第1章
疫情危机会引发二战后最大的危机吗

出,每个政府的刺激计划都是空前的。

对政治家而言,财政支出是其冠冕堂皇积累政绩的最佳手段,因为只要说是为了帮助"有困难的人",大多数人便不会反对,因此没有比这更"完美的手段"了。过去,这一做法的确发挥了很好的效果,因为通过增加政府开支可以恢复因需求下降造成的经济颓势,而在经济恢复后,政府又可以通过增加税收,维持财政收支的平衡。但是,在全球化的今天,这一举措将很难再达到预期的效果。

政治家原本应以长远的目光思考国家的各项事务,然而,实际上他们却只关心选票的问题。在这一点上不论日本、美国还是欧洲各国,无一例外。因此,就算会造成政府债台高筑,但只要能满足眼前的短期利益,对政治家而言这就是一项好的政策。尽管他们也清楚这并非长久之计,但那是卸任之后的事,与己无关。我认为这是极端不负责任的做法。

即便这些政策真的带来了市场反弹,那也是人为制造出来的产物,最终一定会使事态进一步恶化。从根本上看,这种做法只能暂时推迟解决问题的时间,导致债务进一步增加而已。因为最终虚拟(非实体)的投资金额不断膨胀,必将引发惨痛的悲剧。政治家们关心的永远只是如何不遭到媒体的批评,如何做好下周的演说、赢得下次的选举,这才是最大的症结所在。

面对空前的危机，
个人投资者该何去何从

Q：若真的如您所料，出现了人为因素下的市场反弹，我们又该如何行动呢？可能有些投资者会认为这是一个好的机会。

罗杰斯：简单而言，应该选择跌幅最大的股票买。目前来看，航空公司应该是最佳的选择。此外，诸如餐饮、酒店、旅游以及海运等航运关联的产业也遭到了毁灭性的打击。倘若市场出现反弹，它们的回升会最为显著。另外，农业相关的股票也值得考虑。

就股票以外的其他资产而言，银价已经创下数年来的新低。再加上此次股价暴跌带来的影响，投资者们会想方设法抛售手中的资产。2008年金融危机时，金价也曾出现暴跌。尽管尚未跌至历史最低点，价格便急速回升。由此不难看出，一旦市场遭遇恐慌，投资者们将不顾一切地抛售手中的资产，在此之后，部分证券、商品价格可能又会急剧反弹。

因此，那些受新冠肺炎疫情影响较小、利润降幅较低的企业会在下次牛市中大显身手。不过，最大的问题在于无法预测下次牛市会何时到来。可能在今年，也有可能在40年后，等你生儿育女，孩子都长大了才到来。

Q：此次危机中，您进行投资了吗？

罗杰斯：我买了部分海运公司的股票。此外，金银价格持续走低，所以我也打算购买一些。同时，再购回一些之前卖出的股票。最近，我还在考虑买入部分航空公司的股票。

不过，绝大多数时间，我还是在静观市场的动向。虽然我持有大量美元,但我认为完全没有将其抛出的必要。

Q:那您怎么看待日元呢?

罗杰斯:虽然大环境处于下行趋势,但日元的表现却超出我的预期。我一直以为,其他市场参与者会和我的想法一致,但从日元的表现来看却并非如此。

虽然我知道现在日本的经济形势十分严峻,但其他市场参与者却似乎并不了解,或者说就算他们知道也对此满不在乎。日元的坚挺,着实让人惊异。瑞士法郎也是如此。

如果放在20年前,我会认为日元是一种稳健的货币,但时至今日很多市场参与者竟依旧抱有这种想法。瑞士法郎也同样,从50~80年前就一直被认为是安全可靠的资产。但我却增加了手中美元的持有量,因为我认为如果追求保险和稳健,最安全的货币还是美元。

Q：您说要多关注航空公司，是因为出现了买入信号吗？

罗杰斯：如果等股价反弹后再买入就会错失大部分的利润。所以，虽然并不真的存在什么预警装置，但如果非要说一个买入信号的话，那大概就是国际航空公司破产的时候。如果破产数量达到两家，则这一信号更为明确。因为如果连续两家破产，出于一种恐慌心理，其他的航空公司股票也会被一同抛售，这会导致股价大跌，我认为这就是该买入的时机。

Q：对于那些已经投资并且持有亚马逊、苹果等大市值股票的人，您有何建议？

罗杰斯：那我只能恭喜他们了，我会说："你们运气真好，简直太好了。"因为今后这些大市值股票还会继续下跌。熊市到来后，亚马逊、苹果的股价甚至有可能下跌50%～80%。我不是在恶意唱衰它们，但这就是市场运作的机制。

因此，我不建议他们现在就立刻抛出这些股票，因为在熊市到来之前可能还会有一次强烈反弹，这是最后的机会。

熊市时跌幅最严重的往往是大企业的股价。这些股票的价格之所以相对偏高，是由于大家都持有的缘故。因为所有的投资者都持有这类股票，一旦熊市到来，人们便会义无反顾地将其抛出。

同样的原因，预计ETF也将面临暴跌风险，因为几乎所有ETF都持有苹果的股票。因此，ETF、大市值股票必然会遭受毁灭性打击。不少投资者为防范风险而选择投资ETF，但到头来你会发现大家持有的都大同小异，因此所谓的分散风险实际上并不存在。

虽然在最近的债券市场上，部分ETF的交易价格比实际价格低5%～10%，但债券市场尚未进入熊市。不过，债券价格今后不会有太多上升空间，因此认为它已经触及了最高点附近也不为过。

Q：金融股在 2008 年暴跌之后又重新回到高位，您认为金融板块的前景如何？

罗杰斯：2008 年金融危机的时候，美国最大的泡沫在房地产行业。因此泡沫破灭后，拥有大量次级贷款的银行，其股价跌幅最大。而此次的泡沫遍及科技股、政府债券以及其他所有类型的债券。美国甚至有几个州因债务过大而濒临破产。

金融板块正增加贷款力度，巨额资金会流向一些高风险的科技企业。因此，在此次危机中金融股下跌将在所难免。虽然抛售幅度或许不如 2008 年，但如果熊市到来，股价还是会急剧下跌，虽不至于达到 2008 年的 90%，但暴跌 80% 的可能性极大。

Q：有什么办法能避免熊市到来吗？

罗杰斯：应该没有。但正如我反复说的那样，在熊市到来之前可能会迎来剧烈的反弹，因为政府和央行正在不遗余力地救市。

然而，不论央行再购入多少资产，出台多少政策，总有一天投资家会对其制定、出台的所有政策丧失信心。到那时，投资者就会不顾一切地抛出手中资产，一部分人人生中最大规模的熊市也将随之而来。

或许我们现在已经到了这个临界点，但其立刻出现的概率很低，因为行情还没到，美国央行——美联储还有进一步的宽松手段。日本的股价下跌也由于日本银行购入 ETF 暂时得以缓解。

因此，在熊市到来前，市场还有可能迎来一次反弹。但要事先声明的是，我对市场的预测常常出现偏差。

再重复一次，现在各国政府和央行的错误行为已经引起了恐慌，因此它们才毅然决定加大政府开支，实施宽松的货币政策，并投放资金。然而终有一日，当所有投资者都不再抱有希望的时候，熊市就会真正到来。而我本人早已经心灰意冷了。

Q：当市场不再信任中央银行时，是否就会"现金为王"呢？

罗杰斯：是的，你说的很对。但如果搞错了该持有的货币，就会遇到大麻烦。2007年，当时许多投资者预感到危机即将来临后，纷纷选择用冰岛克朗来存款，因为其利率高达15%。然而，随后冰岛破产，投资者的现金也付诸东流。因此，即使持有现金，如果选错了货币，也同样于事无补。而此次危机中应当持有的货币既非日元，也非瑞士法郎，而是美元。

虽然现在还有一部分人认为日元值得持有，但只要读了这本书，我想他们就会知道我未持有日元的原因。直到现在仍有很多人认为日元、瑞士法郎像20～30年前一样稳健。可见，一种货币贬值要深入人心需要几十年时间。

如果要持有现金，就一定不能选错货币。除了现金，金银也应该买入。由于最近银价比金价跌幅更大，因此如果让我选择，我会毫不犹豫选择投资白银。

Q：若您是央行行长，您会采取什么措施呢？

罗杰斯：这个问题很难回答。负利率、长期零利率在历史上从未有过，因此美联储犯下了空前大错。而且，这也绝非什么长久之计。虽然不知道现在这种接近零利率的政策还会持续多久，但这个错误一旦被意识到，事态就会立刻急转直下。日本现在已经是负利率了，我想这场零利率、负利率的实验不久即将收场。

如果我是联邦公开市场委员会（FOMC）主席，我会马上选择辞职。我不会人为地控制利率，利率应该让市场来决定。因为市场肯定比我聪明，也远比那些制定政策的官员、学者们更聪明。因此如果我是主席，我会将决定权交给市场，然后马上辞职。

Q：很多日本读者对投资有阴影，认为现金最好，您对他们有何建议？

罗杰斯：大家都想逃离市场的时候正是最好的机会，

要勇于向市场挑战。即使不投资也要密切关注市场的动向。只有这样，才能深刻理解市场的运行规律以及人们的思考模式，并将其用在下一次的投资之中。

当大家都在恐惧、退缩的时候，我们更需要拿出勇气买入，过去类似这样的成功案例不胜枚举。

世界无时无刻不在变化。我可以很自信地说，这正是生活中最有乐趣、最具魅力的一点。虽然如果解读有误，变化也会招致严重的后果，但无论如何，变化都是令人兴趣盎然的现象。而且，当"危机"来临时，变化也会随之而来。

第 2 章

THE GREAT PREDICTION OF JIM ROGERS

未来，世界将会怎样改变
——世界各主要国家的衰退
与中国的崛起

欧美经济必将在
此次疫情危机中走向衰落

Q：此次新冠肺炎疫情将对国际政治和安全保障造成重大冲击。

罗杰斯： 数十年之后回首现在，人们一定会惊讶地发现许多重大历史事件都是以此次危机为分水岭的。长远来看，世界经济的增速将明显放缓，以欧美为首的世界主要国家将注定走向衰落。

人类历史的发展经验告诉我们，人民富足的时代，一定是对外开放且人员往来密集、贸易发达的时代。譬如，大航海时代以及被誉为19世纪"第一次全球化"那样的时代。同样，在全球化的今天，社会经济的快速发展也印证了这一点。

19世纪无疑是一个国际化的、开放的100年。不仅贸易、移民等活动十分活跃，而且随着交通运输业的迅猛发展，世界各国也相继迎来了旅游热潮。同时，资本在各国间自由流通，不少跨国企业应运而生。此外，广播、电影等娱乐产业也诞生于这一时期，极大地丰富了人们的精神世界。

然而，作为第一次世界大战的后遗症，世界各国采取了封锁国境的保守措施，这导致历史的车轮开始向后倒转，于是引发了二战。二战结束后不久，为了避免再次犯下闭关锁国这样的过失，联合国和GATT（关税及贸易总协定）应运而生。但遗憾的是，现在还记着20世纪二三十年代那场教训的人大多已经离世。

近些年，在国际社会上，一些无视历史教训的声音不断涌现。美国甚至诞生了一位坚称自己能打赢贸易战的总统。然而，历史经验证明，贸易战中无赢家，没有哪个国家是能够通过闭关锁国来实现经济繁荣的。但特朗普却自认为比历史更高明，这真是荒唐至极。

此次的新冠肺炎疫情会让美国雪上加霜,因此我认为美国将变得越来越保守,甚至可能在边境上筑起高墙。

不仅如此,经济疲敝下的英国人也变得相对保守。在英国,半数以上的国民期待脱欧。同样,在20世纪30年代,排外主义和民粹主义曾盛极一时。如今历史虽不会重演,却惊人地相似。这是美国文豪马克·吐温的一句话,意思是历史上发生的事不会完全相同,但会变换一种形式反复出现。我认为他的这句话戳中了事物的要害。

Q:您对欧洲有什么看法?

罗杰斯: 与美国一样,欧洲的新冠肺炎疫情也比较严峻。其中,意大利、西班牙、法国等国的情况尤其堪忧。它们已经被迫暂停了经济活动,这会造成多大的影响呢?我想,再次引发债务危机也未可知。

在金融领域,目前来看,我认为欧洲极有可能步美国的后尘。欧洲各国的政治家们为了能够连任,都在大搞金融宽松政策。过去还能听到一些高呼"让金融重回正轨"的声音，但现在这样的人都已经销声匿迹了。就连曾经实施紧缩政策的希腊政府，现在出台的也完全是相反的政策。

Q：各国政府为了应对疫情准备了大量的现金，为何世界经济仍旧在减速呢？

罗杰斯：这是因为被大量的债务拖住了后腿，债务会扼杀发展的机遇。不论政府还是民间企业，历史上从未有过像现在这样背负如此巨额债务的时候。欧美、日本以及一些新兴国家都背负着巨额的债务，这是史无前例的异常情况。

话虽如此，但也有例外。朝鲜和津巴布韦就没有债务。因此，那些没有债务危机的企业和个人也将拥有更多的发展机遇。

疫情危机成为
特朗普连任的"拦路虎"

Q：您如何看待 2020 年美国总统大选？

罗杰斯： 如果在疫情暴发前有人和我打赌，我一定会将宝押在特朗普连任上。因为自 20 世纪 90 年代以来，美国的现任总统大多都能成功连任。因为现任总统拥有得天独厚的条件，他们不仅身居白宫，还可以为自己的连任用尽各种手段，如批准各州开展公共设施建设、使股价上涨等，因此他们的胜算更大。

但这场突如其来的新冠肺炎疫情，给股市带来了毁灭性的打击，特朗普政府虽竭尽全力出台了一些挽救股市和经济的措施，但事情并没有那么简单。

美国在最近十年间，由于经济稳中向好，股价也基本在持续上涨。支撑美国经济持续向好的一个重要的原因是投向海外新兴市场的资金所带来的高额回报。金融立国这样的说法听起来有些冠冕堂皇，然而，实际上，美国已经变成一个依靠投资收益过活的国家。

另一个重要的原因是页岩气、页岩油这些能源产业泡沫造成的虚假繁荣。不过，由于最近原油价格暴跌，这样的虚假繁荣也将走向终结。

此外，由于此次经济危机导致新兴国家的经济无法维持此前的高速增长。如果没有良好的投资标的，所谓的金融立国这样的口号也只能是有名无实。不仅如此，能源产业恐怕也没有复苏的希望。因此，美国的经济将会一步一步地被逼入绝境。

据我所知，特朗普总统诞生的功臣——美国中西部的多数白人都把自己的养老金投向了股票市场。因此，股价下跌让特朗普的连任变得希望渺茫。

史无前例的危机
将加速中国的崛起

Q：您对中国怎么看？

罗杰斯： 刚才说过，世界上的各主要国家都在这次的新冠肺炎疫情中受到重创。中国也不例外，但我认为中国将会是最早摆脱危机的国家。我之所以移居亚洲，是因为我坚信中国将是下一个领跑世界经济的国家。在经济上，中国迟早会取代美国，当然在这个过程中，中国也一定会面临各种各样的难题。20世纪的世界霸主美国，在其发展中也碰到过许多问题。比如，与原住民之间的纷争、南北战争、1929年的大萧条等，这些都是在国家扩张过程中不可避免的问题。

就当下而言，最令人担忧的可能是中国债务过高的问题。2008年爆发金融危机的时候，中国手中持有大量的现金储备，中国用这些现金摆脱了金融危机。但如今中国也可能面临无力偿付债务的情况。与那个时候没有哪个国家肯借钱给中国不同，现在没有不想借钱给中国的国家。虽然中国政府再三要求企业尽量减少借款，但几个已经背负过多债务的企业将难逃破产的命运。这些企业一旦破产，必将给世界经济带来负面影响，同时，也将给那些与中国联系紧密的周边国家带来负面影响。若果真如此，我猜媒体在报道的时候，一定会清一色地将此描述为"中国危机"。

毫无疑问，中国未来将面临各种各样的问题，而且这些问题也可能会造成经济下滑。但这对于一个成长中的国家以及成长中的企业而言，再正常不过。反倒是在不会遇到任何困难、一直平稳发展的时候需要注意，因为越是这种情况越可能蕴含着危机。因此，我认为尽管此次新冠肺炎疫情会使中国经济出现一定程度上的下滑，但从长期来看，中国的发展前景仍然十分乐观。

同时，与日本一样，中国也面临着人口问题。虽然中国放弃了独生子女政策，但中国女性并没有像过去那样生儿育女。不过，中国可以从日本和其他国家那里学习相关经验。在日本，人口已经开始负增长，未来恐怕还会更加严峻。而韩国和中国恐怕还有几年的时间才会面对这样的问题，因此中国有充足的时间学习日本的案例。

中国这个国家，确实善于学习他国的先进经验。比如，它通过学习日本的经济模式、产业政策，构筑起了经济大国的地位。在军事安保方面，它从美国和大英帝国的历史中学会了如何将自己打造成一个世界强国。

"一带一路"构想将在
美国衰退中迎来更多机遇

罗杰斯：大航海时代拉开了近代史的序幕。中国从未主动发动过对外战争。其背后的原因有很多，正如《孙子兵法》所云，中国文化一向鄙视战争，因此中国并不是一个好战的国家。

不仅如此，放眼历史长河，中国也是唯一一个曾经三四次问鼎世界经济体首位的国家。而西班牙、荷兰、英国等国，虽然也曾一度问鼎，但都没能梅开二度。只有中国，即便从首位跌落也依然能够东山再起。

更令人震惊的是，早在1000年前，中国的钢铁生产量就超过全盛时期的大英帝国。甚至有传闻，中国在哥伦布发现新大陆之前就已经知道美洲大陆的存在，中国的大型船队在大航海时代之前就曾抵达过非洲海岸。只是后来明朝的海外航行逐渐终止了而已。

由此可知，中国这个国家蕴藏着足以震撼世界的潜能。这些潜能今后将会由中国不断地发挥出来，带给世界更大的影响。因此中国扮演着引领世界的角色，我认为是实至名归的。

Q：有人担心中国会走上对外扩张的道路。

罗杰斯： 我想大部分持此看法的人都来自和中国接壤的国家。可能是因为他们看到中国的军备增长大大超出他们的预期，才会导致这种不安的情绪愈演愈烈吧。

军事冲突通常由突发性因素引起，因此我无法断言肯定不会发生战争。不过，我认为今后中国将会想方设法通过发展经济实现国富民强，而不是通过使用武力。

实际上，世界上其他国家的人并不像日本人那样，将中国视为威胁。当然，这也可能和他们同中国的距离遥远有关。比如，非洲等国家的人民往往认为日本人傲慢强权，中国人则温和而友善。

中国每年都会邀请非洲各国首脑来华会谈，并给予他们巨额的援款，与他们建立良好的关系。对此，有些人说"这是要让他们陷入债务陷阱从而操控他们"，但非洲人民并不这么想。

以前，英法等国家向非洲派遣军队，以强权的形式实现对其的控制。这并非平等的关系，而是单方面的掠夺，与中国现在对非洲的援助有本质上的区别。当然，中国可能也有自己的打算，如通过援助来提升自己在非洲乃至世界的存在感。但每个国家不都是如此吗？

我在俄罗斯的机场经常看到成群结队的中国旅游团。在莫斯科红场上，中国人也是随处可见，耳朵里听到的全都是中文。伦敦、巴黎、东京也是如此。从这个意义上讲，中国的复兴或许已见雏形。

因此，中国没必要发动军队去占领那些地方。因为那里有许多中国人，他们已经可以自由地逛街、享受美食，购买自己喜欢的土特产和精美的工艺品。

Q：您是怎么看待中国的"一带一路"的呢？

罗杰斯：大航海时代，西班牙和葡萄牙的船只在大洋上来回穿行，改变了世界。约200年前，铁路的出现同样给世界带来了巨变。

芝加哥是因铁路而发展起来的城市。铁路让这个一穷二白的中西部城市一夜之间发生了巨变。人们聚集到这里殖产兴业，它逐渐发展成为美国首屈一指的大都市。旧金山也是如此。这正是美国版的"一带一路"。

铁路、船舶等交通基础设施可以将相距遥远的城市连接起来，并将它们纳入同一个经济圈。因此，当时居住在芝加哥的人都变成了富人。因为只要铁路一通，地价就会疯涨，自然也会提升整个城市的价值。

同样，那些一开始就投资中国"一带一路"的人也会拥有赚取巨额财富的机会。所以我认为，投资"一带一路"铁路沿线的城市是个不错的选择。通过详细了解那片土地，你就可以获取成功和财富。从这个意义上讲，中国的"一带一路"不仅会拉动沿线国家的经济发展，还会给很多人赚取财富的机会。因此，它必然会成为一项受人欢迎的重要政策。

知之者甚少，
中国的软肋是水资源问题

Q：人们对中国的期待不断膨胀，最大的风险因素在哪里？

罗杰斯： 可能有人认为是电力或者大气污染，但其实并非如此，我认为最大的风险挑战来自用水问题。现在，这一问题已经非常严重，中国正在斥巨资寻求解决的办法。

我曾骑摩托车周游过世界，到访过许多国家，其中很多国家面临的最大难题正是用水问题。这一点日本人可能无法理解，但许多国家正在想方设法确保可靠的水资源。不管是资本主义国家还是社会主义国家，信奉基督教的国家还是信奉伊斯兰教的国家，没有水将一事无成。同样,这一问题现在也在困扰着中国。

中国可能会和俄罗斯展开水资源合作。中国要实现国家富强,离不开水。一个国家能够应对社会动荡或传染病,但若没有水,这个国家将不复存在。

随着经济迅猛发展,拥有14亿人口的中国对水的依赖度也会日益高涨。粮食种植、喝茶、洗澡,甚至工业生产,无处不需要洁净的水。然而,中国多地水质堪忧,不少民众抱有不满。因此未来的中国,水将成为重要的投资领域。

香港地区今后还会继续成为亚洲的金融中心吗

Q： 接下来我想问几个有关香港地区的问题。听说香港地区发生动荡后，不少人想移居到新加坡等地。香港地区的未来走向如何？还会继续成为亚洲的金融中心吗？

罗杰斯： 二战前，仅次于纽约和伦敦的世界金融中心不是巴黎也不是柏林，而是上海。但1949年之后，上海的地位被香港取而代之，香港摇身一变成为如今的金融中心、国际大都市。但邓小平提出改革开放政策后，上海卷土重来，不仅恢复了金融中心地位并且发展迅猛。与之相对的是，香港作为金融中心却发展停滞，经济低迷。

直到 5 年前，各国企业进军亚洲市场的时候，还会将香港考虑在内。但是现在被纳入备选名单中的却是深圳、上海或是新加坡，已经看不到香港的名字。顺便一提，东京也被排除在名单之外。

大家或许不知道，从前的香港，因为劳动力成本低廉，又邻近中国内地，一度成为世界的工厂。不过现在，我们可能再也买不到香港制造的衬衣或电视机了。现在香港的核心产业就是金融、旅游观光和不动产。

但是，仅凭这些，香港将无法继续维持其亚洲金融中心的地位。美国有一个叫巴尔的摩的城市，1850年的时候，它的人口数量在全美排名第三，是具有代表性的美国大都市。但现在它的排名甚至跌出了前 25名。然而，巴尔的摩这个城市依然存在。因此我想，到 2050 年时，香港也同样存在，只是那时的香港已经不再是我们熟知的那个香港了。

第 2 章
未来，世界将会怎样改变——世界各主要国家的衰退与中国的崛起

Q：下一个亚洲顶尖的金融中心会是哪里呢？

罗杰斯：或许会是上海吧，如果不是的话，那肯定就是电脑，不，智能手机。因为不论你身在非洲，还是蒙古，或者是其他任何一个地方，只要有一部手机，那里就会成为交易场所。

不知道你们有没有见过各国的证券交易所。当我还是孩子的时候，只要到国外旅行，一定会跑到那个国家的证券交易所去看一看。比如到了爱尔兰的都柏林，我一定会去看看那里的证券交易所。但现在即便去都柏林，证券交易所恐怕也不是什么非去不可的地方了。因为所有的事情现在都可以通过电脑来操作。去维也纳也是如此。或许，下一个亚洲顶尖的金融中心，很可能连建筑物都没有，就是某个地方的网球场也未可知（笑）。

朝鲜半岛未来 10～20 年
将成为极具魅力的投资地区

Q：您对中国以外的亚洲国家有何看法？您曾说，未来 10～20 年朝鲜将成为最振奋人心的国家。

罗杰斯：我反复提到，我对开放三八线持乐观态度。若果真如此，朝鲜半岛无疑将成为未来 10～20 年最振奋人心、充满机遇的沃土。

我曾两次到访过朝鲜，那里的人民非常勤劳而且劳动力成本低廉。我当时甚至不知道，在 1970 年前，朝鲜比韩国更加富有，但此后朝鲜却沦落为一个贫穷的国家。

不过，朝鲜拥有丰富的自然资源，也拥有一定的生产技术。若能开放三八线，并且同时开放与中国接壤的边境线，我认为朝鲜乃至整个朝鲜半岛将成为亚洲最活跃的地区。

毫无疑问，铁路网是其中的关键所在。现在，中朝两国已经互通了铁路。如果朝鲜再与韩国或俄罗斯的西伯利亚地区实现铁路接轨和口岸相通的话，将大大提升其在东亚地区的存在感。此外，俄罗斯已经出资修建朝鲜的不冻港并将其投入使用。同时，中国也在积极推进修建连接中朝两国的大桥和公路。由此可见，朝鲜周边的大国已经认识到了它的发展潜力，正在积极开展投资。

另外，朝鲜女性的生育意愿相对较高，这对已经陷入少子化困境的韩国而言或许是个福音。也就是说，如果开放三八线，韩国人口不足的压力或许就能得到缓解，同时还能帮助韩国大幅削减高额的国防费用。而韩国可以用这些钱投资朝鲜。不仅如此，三八线开放后，朝鲜还将从中俄两国那里获取巨额的资金支持。围绕朝鲜的整个东亚地区，将成为新的经济增长点。

我在前面说过，在1970年以前朝鲜一直都比韩国富有。也就是说，到了20世纪70年代以后，朝鲜经济就开始止步不前了，与此相对，韩国一边则开始发力，实现了经济腾飞，并成为"亚洲的太极虎"。事实上，直到2011年以前，朝鲜都一直未能摆脱贫困。

但就是这样一个贫穷的朝鲜，2013年后却发生了巨变。不仅举办了国际马拉松大赛，还建起了高楼大厦，听说连比萨店都有了。这在以前是很难想象的。我曾于2007年和2013年两次到访过朝鲜，和2007年相比，2013年去的时候城市景观明显发生了变化。

改变朝鲜的正是金正恩。

虽然美日媒体以前从未报道过，但实际上，金正恩曾多次在讲话中提到，"我想走邓小平在中国走的路"。是的，他也想在朝鲜推行中国式的改革开放，让朝鲜更加富强。但美日媒体却对此避而不谈，所以没有人知道他的真实想法。

更重要的是，金正恩的这些政策也得到了朝鲜民众的热切期待，他们坚信未来，坚信自己的领袖。不过，期望越高风险也往往越大，一旦失去民心，那么接下来会发生什么就难以预估了。

美日两国都不期盼
朝鲜半岛实现统一

罗杰斯： 2018年6月，美朝两国首脑在新加坡举行历史性会晤。在这次首脑会谈上，金正恩曾试图与美国签署和平条约。但美国国防部则明确表示"不可能与朝鲜签订和平条约"。不只是金正恩，中俄两国也希望朝鲜能与美国达成和平协议。然而，美日两国却极力反对。

因为当时的日本首相安倍晋三十分清楚，若朝鲜半岛实现统一，将在诸多方面对日产生不利因素。况且驻韩美军有三万多人，如果半岛统一，美军必将撤离韩国。

同时，朝鲜半岛紧邻中国和俄罗斯。为了能够吸引中俄两国的密切关注,美国也会极力避免从韩国撤军。会谈时,金正恩提出,若美国实现无核化并从韩国撤军,朝鲜也将承诺无核化。我认为他的要求并没有那么离谱。谈判双方做同样的事,这是再正当不过的交易。

我甚至曾一度期待韩国总统文在寅会义正辞严地对美国说:"我们在这片土地上生活了数千年。朝鲜战争也已经过去 70 年了,你们可以撤军了。"然而,文总统却并没有这样做。

同样,特朗普也未对国防部施加压力。在越南同金正恩会谈时,他怒斥朝鲜的无理要求,并中止了谈判。但朝鲜方面却对此事予以否认。

其中真相虽不得而知,但结果正如美军司令官所愿——美朝两国未能缔结和平条约。这让不希望看到朝鲜半岛和平统一的美国得了逞。同时,这对日本也是个利好消息——因为日本也担心假如半岛统一可能会被占领经济制高点。

但在我看来,开放三八线已是大势所趋,最快几年内就会实现。这样一来,日本不仅需要重新调整经济政策,也需要重新审视安全防卫政策。虽然美日同盟不会立刻解除,但我想日本是时候该审慎考虑美日关系了。

东亚的发展将给
日本带来千载难逢的机遇

Q：若果真如此，韩国将成为投资者的天堂啊。

罗杰斯：长远来看或许如此，但就目前而言，日本显然比韩国更具吸引力。

我虽看好韩国，但现在投资韩国还为时尚早。韩国眼下面临的问题众多。一方面，它与日本之间因为历史认识问题打起了贸易战。另一方面，它与中国之间的关系也十分微妙。中国对韩国部署导弹防御系统一事表示强烈不满。同时，美国也在世界各国之间挑起贸易争端。

因此，此次的世界经济危机会令韩国雪上加霜。与美日这些内需较大的国家不同，韩国的外贸依存度占 GDP 的比重很大。从这一点上看，此次的世界性经济危机给韩国造成的影响要远大于对美日两国的影响。我认为，只要半岛局势没有新的变化出现，投资韩国还为时过早。

Q： 但是放眼长远，亚洲将会成为有吸引力的投资目的地吧。日本会怎样呢？

罗杰斯： 虽然我知道中日以及日韩间存在诸多争端，但我认为，日本首相面对当前机遇应该直言不讳地说："我们也须加强日中、日韩关系，争取更多的利益。"

中国在不断地发展壮大，俄罗斯也正致力于西伯利亚的开发，朝鲜半岛蕴藏着巨大商机，对此，我认为日本应当下好先手棋。如前所述，朝鲜有不冻港，而中国与俄罗斯正积极地向朝鲜抛出橄榄枝，未来他们还将修筑铁路网，打造强有力的交通运输基础设施。因此，我建议那些手上持有剩余资金的日本企业，应该积极地投资这些基建项目。为什么不冒险一试呢？

更令人惊讶的是，现在从东亚到欧洲的货物运输，铁路要比航运更加经济便捷。众所周知，航运耗时但价格便宜，但凭借着 IT 技术，运输管理技术得以不断提升，铁路网不断发展壮大，铁路运输已经远比航运快捷、廉价。

正因如此，新加坡等长期以来受益于航运发展的城市，将来可能会面临巨大的挑战。大家知道，新加坡位于地缘政治上的要冲，它连接着中东和远东的经济大国——日本。但随着中国推动的"一带一路"建设深入人心，新加坡可能会陷入困境。这将是一个从海运时代跨入陆运的时代，而中国和俄罗斯无疑是这个时代的主角。

因此，日本应该积极参与中国提出的"一带一路"倡议，同时还应该与中国、俄罗斯和韩国合作开拓新的市场，携手创造财富。或许大家还不知道，有人提出要在日韩两国之间的对马海峡修建海底隧道。但我听说有不少日本人对此表示反对。

Q：有人担心会危及国家安全。

罗杰斯： 为什么这么认为呢？

在我看来，如果能在对马海峡修建海底隧道，并使之与高速公路或铁路网相连接的话，日韩之间的交通将更加便利，如此只会对日本经济和产业带来更大的利好。

比如，人们可以从东京驾车到首尔，还可以通过铁路经由朝鲜半岛，将货物运至中国和俄罗斯。这一切若能变为现实，那无疑将是划时代的创举。它或许能成为代表21世纪亚洲的重大工程。假设隧道项目失败、危及国家安全的话，只要将其封锁起来就好，万不得已的时候也可以将其炸毁。

厌恶变革的日本人
将与赚钱的良机失之交臂

Q：确实如您所言，但我仍有一些不理解的地方。

罗杰斯：日韩两国交恶由来已久。我觉得比起韩国人，日本人性格内向，日本的文化也相对内敛。就连日本的制造业也是如此，始终将内需视为重中之重。

但韩国人却不同，韩国的三星也好，流行音乐（K-POP）也罢，一开始便瞄准了海外市场。同时，他们也更欢迎和包容外国人，对外国人甚为友善。

我想，这可能与韩国长期居住着美国人有关吧。虽然占领军也曾驻扎过日本，那时也有不少美国人生活在日本，但他们在二战结束后短短十几年内便都撤离了。但在韩国至今仍随处可见美军基地。这让韩国人逐渐学会了如何与美国人共同生活，确切地说是如何和美国人做生意。

Q：韩国为何会在20世纪90年代迅速崛起呢？

罗杰斯：我认为最大的原因在于全球化，全球化导致日本制造业日渐式微，韩国（如三星）、中国台湾的制造业才获得了取而代之的机会。

不过，更重要的是早在此前，美国便开始对韩国进行大规模投资，这一点或许并不为人所知。事实上，自20世纪70年代开始，为了遏制朝鲜，美国就向韩国投入了巨额资金，用于韩国的经济和基础设施建设。

老实说，我并不赞成这种做法。为什么要把我们缴纳的税金用在这些地方？为什么不是把钱花给自己，而是要用我们的钱给韩国人修高速公路呢？不过，当时这完全是出于政治考量，美国必须优先考虑自己的政治利益。

而且，美国对韩投资额超过对日投资，而韩国的人口却不足日本的一半，因此美国的投资起到了立竿见影的效果，到汉城奥运会结束后的20世纪90年代前半期，韩国的经济实力就已经今非昔比了。

不过，令我疑惑不解的是，为何日韩两国文化如此相近，它们却不能和睦相处呢？为什么在饮食、娱乐方面日韩之间可以相互认同，而一谈到政治和经济就要怒目而视呢？这实在令我这个外国人百思不得其解。

现在，全球投资家
正在关注哪些国家和地区

Q：您现在有想投资的国家或地区吗？

罗杰斯：如前所述，若能开放三八线，我最想投资朝鲜半岛。但遗憾的是，朝鲜国内现在还没有股票交易所。不过，他们好像已经有所行动，我听说他们正派人在新加坡等地学习相关知识。据说不论是房地产还是保险业他们都非常关注。

你若是一个明智的投资家，就应该投资朝鲜。最好趁现在就在朝鲜买块地。如果不用和韩、日、美等国竞争，能自由地购买土地的话，我肯定会这么做的。

此外，俄罗斯也是很有吸引力的，这个国家债务很少。

现在的俄罗斯在普京总统强有力的领导下，正在加强基础设施建设。以前，我骑摩托车横穿俄罗斯的时候，基本上看不到什么像样的道路，可现如今不同，他们已经建起了高速公路和气派的大桥，基础设施方面有了很大的改观。

同时，我还注意到俄罗斯正在下大气力开发远东的符拉迪沃斯托克，他们打算在那里建一所俄罗斯一流的大学，进而将其打造为人口密集的远东经济中心。俄罗斯的远东和西伯利亚蕴藏着丰富的资源。地缘上又与中国相邻，而且俄罗斯境内居住着很多华裔，因此中国也在加快对俄投资。

我对正在发生巨变的俄罗斯怀有好感。虽然全世界对俄罗斯都抱有成见，但我反而觉得这样的国家和人更有魅力。我想积极地去喜欢大家抱有成见的东西。

Q：此外还有哪些国家和地区，您认为很有吸引力呢？

罗杰斯：委内瑞拉，如果允许投资的话，想一想都会叫人兴奋。但是，目前美国人还不被允许购买委内瑞拉的土地。虽然美国一直宣称自己是"自由的国度"，但其实并不怎么自由（笑）。

此外，历史的经验告诉我，投资那些发生过灾难的国家，要不了几年就会有所回报。津巴布韦就是这样一个国家。我最近买了津巴布韦的股票，虽然金额不多。但我想若能持有几十年，一定会有丰厚的回报。你们也是，如果看到世界上有哪个国家发生了灾难，应该立刻给股票经纪人打电话，投资那个国家。

越南的话，我正在投资ETF。长远来看，越南也是一个极具吸引力的市场。人口超9000万，而且人民勤勉。这样一个人口多且基本由单一民族构成的国家，比起那些多民族、多宗教的国家，更能够持续稳定地发展。

此外，若能购买，南非兰特也是个不错的选择。我们还应该看看发生了森林火灾的澳大利亚，以及中国香港,这些国家和地区也值得关注。

另外,受新冠肺炎疫情影响,中国内地的股票正在下跌,同时航空业、酒店产业也需要留意。

Q:您是如何看待另类资产的?您也在考虑投资原油和黄金吗?

罗杰斯:我其实更推荐大家投资日本的农业。因为日本农业人口的平均年龄已达到66岁。而且他们的子孙大都移居到了大阪、东京以及新加坡等大城市。美国农业人口的平均年龄已升至有史以来最高的58岁,澳大利亚、加拿大的情况也差不多。此外英国农民的自杀率非常高,印度也是如此。我认为今后农业会发生翻天覆地的变化,因此我推荐投资农业。

中文有个说法,叫"Wei(危)——Ji(机)",意思是"机在危之后"。我不知道日语里是不是也有这个说法?

Q：是汉字的"危机"吗？

罗杰斯：机会总在大难之后到来，就是危险和机遇紧紧相依的意思，这句话同样适用于农业。农业人口的平均年龄不断上升看似是危机，但若此时投资农业，就能转危为机。此外，近二三十年，农作物的价格也一直在下跌。从长期投资的角度看，农作物也值得关注。

如果不想购买乡下的农地，购买农作物的期货也未尝不可。比如，糖的价格已从最高点下跌了80%——这样的情况并不多见。它从最高点的下跌幅度甚至高于日本股票。因此，在全世界的投资家都在持续投资金银时，我反而在考虑购买糖之类价格正在暴跌的东西。

我已经8年没有投资金银了，不过最近我又重新开始对它们进行投资。而且，如果金价银价持续走低的话，我一定会毫不吝惜地去买。

第 3 章

THE GREAT PREDICTION OF
JIM ROGERS

20 年后或许将上演
现实版的"日本沉没"

我若是日本人,要么逃离日本,要么学会用AK-47(自动步枪)

Q: 虽然警钟一直长鸣,但日本人的危机意识似乎并未提高。

罗杰斯: 日本于1968年之后,一跃成为世界第二大经济体。之后,日本基本上持续稳定地发展了50余年。事实上,二战之后,不,应该说在那之前,日本就曾多次面对困境转危为安。但现在,日本对于摆在眼前的问题反而有些视而不见了。大家也知道,日本在债务日益增长的同时,人口却在不断减少,出生率也在大幅下降。未来几年暂且不论,二三十年后日本必将陷入绝境。

人口预测是各种预测中最准的一种。据日本国立社会保障与人口问题研究所推算，日本的出生人数将在2040年跌至70万人左右。届时，1970年出生的、年满70岁的人口将多达200万人。到那时，我想即便让这些年逾古稀的老人继续工作，现有的社会保障制度恐怕也难以维持。这绝非我个人的主观判断，而是基于数据的客观事实。

放眼未来，除非日本能在迅速提高出生率、接收移民或大幅削减债务上有所作为，否则日本经济的长期衰退必成定局。因为年轻人减少，老龄人口增加意味着要维持现有的社会保障水平，必须向年轻人课以重税，否则只能增加国家债务。这是显而易见的结果。

长此以往，日本的未来将不堪设想。虽然不至于马上走向灭亡，但在外资收购的狂轰滥炸中，日本也可能会名存实亡。这绝非什么天方夜谭。

日本厌恶变革，每个人都在竭尽全力地"维持"现状。但我想告诉日本的孩子："如果你现在十岁，

第 3 章
20 年后或许将上演现实版的"日本沉没"

最好逃离日本,或者你一定要学会用 AK-47。"因为在你的有生之年,一场灾难必将降临。

二三十年后,当日本的年轻人锐减,剩下的就只有巨额的债务。基于历史和国外的先例可知,此种境况下动乱随时都有可能爆发。到那时,一向和平的日本、作为礼仪之邦的日本或许都将一去不复返。

到目前为止,你或许只经历过这个国家的繁荣与和平。然而,若无奇迹发生,二三十年后,也可能十年之后异变就会发生。

我一生去过很多国家,我认为没有哪个国家能比肩日本。不论美食、整齐而干净的街道,还是历史、传统、文化,抑或是四季分明的气候、沉稳的精神修养、高度同质化的国民性,每一样都令我赞不绝口。

然而,历史告诉我们,盛衰的转换必然发生,而且一旦开始衰退起来便会一发不可收拾。你若有幸于 1919 年到访英国,一定会被它各方面的先进和美好所折服。那时英国稳坐世界头把交椅，不论在金融、制造还是在文化产业方面全都走在世界的最前沿。

虽然时至今日，英国仍是一个不错的国家。但自1919年以来，英国人的生活水准就一直没有提高，1976年甚至沦落到被国际货币基金组织搭救的地步。其原因就在于英国人同日本人一样，厌恶变革。

Q：我觉得日本人正在一点一点地尝试着改变。

罗杰斯：果真如你所说吗？反正我看不出有任何变化的迹象。至少日本国内人口减少的趋势依然不见好转。少子化问题如此严重，是因为日本的年轻人对未来充满了担忧。我想，越是年轻的日本人，越能感觉到其中的问题所在。

虽然日本政府试图通过所谓的"工作方式改革"来改变劳动力市场，但又有多少成效呢？退休人员自不待言，就连上班族，甚至很多年轻人都趋于保守。

第 3 章 20 年后或许将上演现实版的"日本沉没"

在日本，年轻人最向往的职业是公务员。一个国家的年轻人都想成为公务员，那这个变化又从何谈起呢？

与日本不同，中国的很多年轻人憧憬加州硅谷的新兴企业，他们甚至尝试在车库里白手起家。美国也同样如此。但对日本的年轻人而言，不论什么诱人的工作都丝毫不能吸引他们。

退一步讲，就算日本正在缓慢变化中，但"缓慢"同样也是问题。社会保障也好，应对少子化问题也好，如果没有大刀阔斧的变革，而只是极其缓慢地变化，在这期间人口持续减少，债务又不断增加，日本最终还是会陷入绝境。

对外国人而言，
日本是个极度不便的国家

Q：日本在应对少子化问题上是否已经为时已晚？

罗杰斯：是的。至少20年后不会收到成效。因此我认为移民政策是不可或缺的。安倍政府曾宣布将新接纳34.5万名外籍劳工，我认为这是朝移民政策迈出的第一步，给予高度评价。

但即便未来5年内新增34.5万人，对于一个拥有1.25亿人口的国家而言仍然是杯水车薪。不过，我们也可以积极地看待这件事，即日本政府的这一举措是为了让厌恶改变的国民逐步接受变化。

或许日本人并不知道，世界上很多国家的人都想来日本工作，尤其是那些高端人才更是如此。因为他们认为如果在日本工作，收入会很高。此外，日本的安全、干净、高效、美食等，也吸引着他们。我想只要日本打开国门，这些优秀人才必将一拥而至。

除了接收务工人员，日本也应该积极接收留学生。许多外国学生都想来日本学习。不少韩国和中国的孩子在和我聊天时，他们都会抱怨本国的大学难上，因为他们国家的大学不仅数量少而且竞争激烈。于是，我建议他们"去日本，日本的大学都过剩了"。听说日本有不少大学招不满学生，这些大学应该积极地招收外国留学生。

但总体而言，不得不说日本缺少接收外国人的意识。甚至有很多人认为日本这个国家只住着日本人。举一个很小的例子，我想在成田机场取一些现金，却发现外国的信用卡无法使用。大家可以想象一下，作为世界上屈指可数的国际机场，竟然无法使用外国的信用卡。这无疑证明了日本人根本没有考虑到外国人的存在。欧美自不用说，就是在中国、韩国、土耳其，外国发行的信用卡也是可以用的。

若不将目光投向海外，
日本的市场只会不断缩小

罗杰斯：国家经济运行良好、国力不断攀升时，自然不用考虑外国人的事情。即便没有优厚条件，外国人也会不招自来。但是国力衰减的时候，情况就有所不同，外国人会三思而后行。更何况眼下日本正处于发展停滞期，而中韩等国却在急速成长，这些国家对外国人的吸引力也越来越大。因此在这个问题上留给日本的时间并不多。

我们都知道，罗马帝国全盛时曾拥有庞大的人口。同样，伊斯兰帝国强盛的时候，在中亚地区诞生了撒马尔罕等举世闻名的大都市。不过，一旦这些国家的国力开始衰微，排外主义便会横生，人们便会排斥肤色、发色、宗教、语言与自己不同的异己。因此，在经济衰退之后再接收移民就为时已晚了。

在接收移民方面，如果从身边寻找过去成功的经验，美国就是一例。美国一直在积极地吸收海外移民，不仅给了外国人土地，还创造了众多鼓励移民的措施。而且，美国也从来不管他们过往经历如何，出身亚洲还是非洲，都能够一视同仁给予他们土地。因此19世纪以后，美国就成了移民者的天堂，这些移民成了美国发展的强大动力。

当然，移民意味着要告别家人朋友，远离故乡，移居海外，因此我认为，移民中的很多人都具有非凡的勇气和挑战精神。美国之所以能够成为世界强国，与充分吸纳了这些充满活力的移民有很大关系。

除了美国，新加坡也是一个成功典范。50年前的新加坡，人口仅有207万。然而，当时新加坡的总理李光耀却积极推进移民政策。为了从海外吸引大批高学历、高端技术人才，他们不惜一切代价，只要肯来，土地、房子要什么给什么。我想正是这一政策成就了今日的新加坡。

有因移民而繁盛的国家，自然就有因拒绝移民而衰落的国家。1960年前后，缅甸曾是亚洲为数不多的富裕国家。然而，缅甸的政权几经更迭后，大批外国人被驱逐出境外，缅甸也因此急剧衰退。这个更名为"Myanmar"的国家现在是亚洲最贫穷的国家之一。

因类似的排外主义而导致国家衰退的例子不胜枚举。1957年，加纳是英国统治下最富饶的国家之一。但外国人被驱逐出境后，短短10年内这个国家便彻底衰落。埃塞俄比亚也曾是世界范围内的富裕国家，但也因排斥外国人最终走向了没落。

回到现代，德国总理默克尔积极推进接收移民政策，但结果却招致了国民的不满，不得不重新制定政策。我也认为她的移民政策似乎在人数和时间进度上有待商榷。

2015年以后,德国接收的移民人数就已经超过了100万,远高于其他欧盟国家。由于日本、欧洲本身并非多民族国家,在这样的一元社会里,移民问题尤为敏感,因此需要谨慎对待。正因如此,日本应该在事态恶化前就未雨绸缪。

虽然难题很多,但历史已经证明,封闭、排他的国家终将衰落。这一点对于新加坡、美国也是如此。因此这些国家都纷纷向外国人敞开了大门。

技术大国已成为昔日神话，日本的存在感正在不断下降

Q：除了您上面所说的敞开国门，还有其他建议给日本人吗？

罗杰斯：我所了解的日本人，不论单个人还是一个组织，抑或像丰田、索尼那样的大企业，就连街边的餐馆、点心铺都非常注重品质，在大大小小的产品中凝聚了匠人精神。我想之所以如此，二战可能是个重要契机，也就是说，二战结束后日本人才开始执着于生产高质量产品。

有一个例子我经常挂在嘴上。20世纪50年代，位于匹兹堡的一家世界上最大的制铝公司发生了这么一件事。当他们的CEO把从日本药妆店买回来的铝

箔展示给员工们看的时候，所有的员工们看到如此高质量的铝箔，都惊呆了，认为"这一定是为了追求最高品质而特殊定制的产品"。但实际上那个铝箔丝毫没有什么特殊之处，就是日本工厂面向普通家庭生产的普通商品而已。

员工们听后大为震惊，他们所认为的具有最高品质的产品在日本竟只是普通商品！其实，不管是铁制品还是电器产品，甚至摩托车都如此，在国外被视为最高品质的产品，在日本只是普通商品。

日本的本田公司进军美国市场时打的广告词是"骑上本田摩托车，最完美的邂逅近在你眼前"。虽然当时不少美国人把它当成笑话，但后来本田确实成了名副其实的世界上最大的摩托车生产商。

丰田的故事也一样。1965年，通用汽车当时还是世界上独一无二的大企业。有一天，通用汽车的顾问来到公司里说"日本有家汽车生产商要在美国售车了"，对此，通用汽车的经营层完全不放在眼里，只是一笑了之，"日本人算什么，看他们能在美国搞出什么名堂？"

然而，44年后，通用汽车破产，而丰田却成为世界首屈一指的汽车生产商。原因就在于丰田在压低汽车价格的同时，一直在追求最高的品质。我目睹了美国车质量日渐下滑，而日本车则因价格亲民、品质优良、节省燃料，席卷了美国这个巨大的汽车市场的事实。

世界上最美味的牛排餐厅在哪里？在东京银座。既不在得克萨斯，也不在堪萨斯城，而在银座。至于世界上最高级的意大利餐厅呢？我认为也在东京。

日本人曾经十分重视价格，总想在压低价格上做文章，但仅靠廉价是留不住客人的。后来他们注意到，要想让企业长久地成功，品质才是关键。

这就是日本人的强项。他们可以实现产品最大限度的差异化，这也是日系企业具有强大竞争力的源泉。日本人的这一强项源于自幼接受的教育、高尚的伦理观、协调性，以及对他人的关怀。因此，别的国家即使想要模仿，一朝一夕也难以实现。

Q：在我还是小学生的时候，日本就有彩屏手机了。还记得去美国参加暑期夏令营时，我到处显摆自己的彩屏手机。因为当时美国的手机都是黑白的，所以"彩色"的手机对美国的孩子而言指的就是彩色的手机壳。不用说，他们看到彩屏手机都惊呆了。在我读小学、中学时，日本的生产商是世界上最好的，开发了众多先进技术，但现在面对苹果、谷歌却只能望尘莫及，这是为什么呢？

罗杰斯：我想，最直接原因可能是单纯的家电产品在组装上已经没有了什么技术含量，就是一套固化的模式，这就为韩国、中国台湾的企业参与进来创造了机会。然而，它们终究只能依靠固化的模式模仿出来简单的商品和服务，而日本人最大的优势在于生产工艺复杂的产品以及对客人的无微不至,希望日本人能重新意识到这一点。

同时,不仅限于日本,事实上各个发达国家到了第二代、第三代的时候,都会出现不再拼命工作的倾向。日语里有种说法是"倾家荡产的第三代却能笔走龙蛇",英语里面也有类似说法,意思是即便第一代创业成功、苦心经营,第二代也会逐渐懈怠,到了第三代就完全沉溺于风雅之事而无心经商,最终落得倾家荡产。"笔走龙蛇"指写字具有中国风,因为沉迷于风雅之道,所以字写得甚至可以媲美中国人,可谓极大的讽刺。

多数日本人在二战后过的日子十分艰苦、穷困。他们为了摆脱这种境况而勤劳工作、拼命存钱。在欧美也是一样,在贫穷艰苦的时代大家都会勤俭节约、努力工作。但是在国家富强起来之后,也就是在20世纪七八十年代以后出生的一代人就开始不太努力工作了。

20世纪80年代,我在美国遇到的日本人个个工作起来都像拼命三郎一样。美国此时感到"日本人太强了,工作起来像个超人,我们美国人做不到这么拼命",因此,美国人开始向日本人灌输"少工作、多娱乐"的思想。可能灌输得有些过头了。

Q:这原本就是美国人的阴谋吧(笑)。

罗杰斯:并不是什么阴谋。历史的真理或者说社会的本质就是这样。我有两个女儿,我还记得有一次我把120~150年前写的美国教科书拿给她们看,她们惊讶于其难度之高,说自己完全无法理解。

确实如此,1900年美国小孩学习的内容通常相当于现在大学、甚至可以说是研究生学习的难度。1900年,正好是美国作为世界第一经济大国开始活跃的时代,人们为了赶超欧洲都在拼命学习、工作。知道了这些,我们似乎能够理解为什么美国会在20世纪成为世界强国了。

我的两个女儿接受的都是亚洲式教育。新加坡教育质量之高着实令我惊讶，她们一年的作业量甚至超过我12年学生时代的总和。年轻时我一直认为美式教育是最好的，但现在我认为亚洲的教育质量远在其上，因为他们真正懂得教育的目的在于培养人才。

相比之下，当今美国的教育质量正在大幅下滑。人们对教育的重视程度远低于过去，有些地方聘用的兼职小学老师甚至只接受几天业余培训就站上讲台了。日本的情况虽然没有美国那么严重，但我也听说想当老师的人比起以前少了很多。东京教师的录用比例大概是三个里挑一个，而一般来说，要选到优秀人才，录用比例至少要达到1比7或1比8才行。

虽然教育或勤劳工作无法立刻解决日本当下面临的诸多难题，但我希望日本人能够重新回忆起来，曾经的日本人把努力工作视为理所当然，而正是这种精神支撑起了日本技术大国的地位。

面对变革,日本人
表现出极度恐惧的心理

Q:日本人的劳动时间和储蓄率正在急速下降。

罗杰斯: 我对自己的记忆力很有自信,我记得20世纪六七十年代,日本人的储蓄率就已经达到15%～20%,当时日本政府的财政状况也十分好。但此后,日本政府不断进行大规模财政刺激,导致国内债台高筑。日本的政治家也常年打着刺激经济、提高就业率等口号,建了很多没有车辆通行的高速公路和桥梁,进一步扩大了国内财政赤字的规模。同时,他们将大量的政府税收投入农业以及农业土木工程建设领域,尤其在种植稻米的农户身上投入了大量资金。

我在美国时,曾与一位日本教授探讨此事。我记得他对我说："日本消费者购买的大米是美国大米价格的六倍。"我问他："为什么日本政府如此保护种植稻米的农户呢？"他一本正经地说："我们日本人的体质吃不了外国的大米，吃了会坏肚子。"起初我还以为他在开玩笑，但他本人却似乎真是这么认为的。

如今，日本也在逐渐放开农业领域。日本应该意识到过度保护反而会阻碍农业发展。当然，这其中也有日本选举制度上的问题，但无限制地采取保护农业的措施，最终不但会引发农业人口的高龄化问题，还会使其丧失国际竞争力。

我非常看好日本的农业。日本的草莓等水果在世界上具有很强的竞争力。实际上，欧洲高级食材店都售卖日本草莓。因为需要空运、成本高，所以价格也不菲。但即便如此，依然深受欢迎，说明日本的草莓确实有独到之处。草莓仅是其中一例，我认为日本很多农产品都具有较高品质，只要放眼全球，一定能够开拓新的市场。

不畏惧"改变",要敢于尝试新的挑战,这一点非常重要。

Q:面对变革和挑战止步不前,这或许是日本人的特性?日本的财政和社会保障改革也一直停滞不前。

罗杰斯: 这个问题与银发民主主义也有关。不仅日本,世界上很多发达国家都在为同样的问题烦恼。但如我前面所说,简单计算一下就会发现,20～30年之后日本就会陷入巨大的困境。这一点只要基于债务和人口数值简单一算就能得出。

向高龄人群支付的养老金也是导致政府债务增加的原因。现行养老金制度制定于20世纪六七十年代,当时日本经济正处于腾飞期且老年人口较少,因此这一制度被视若磐石。但进入20世纪80年代,少子化问题日渐凸显,同时人口的动态变化也使得人们意识到未来潜在的危机。尽管如此,日本的政治家却视之不见,只关心眼前的选票。面对选民,政治家们高呼公共基础设施建设对于经济发展的重要性,却丝毫不提养老金、医疗制度方面存在的问题。

要解决养老金和社会保障问题,我认为可行的方法有三。第一,减少养老金发放额度,降低医疗服务水平;第二,提高税率和保费;第三,政府通过不断借款来维持现状。由于方法一会招致老龄群体的不满,而方法二会引来上班族的不满,政府只好采取方法三。但通过不断借款来维持现状绝非长久之计,用不了10年、20年问题必然爆发。正如我在前面所说的那样,你若是一个十岁的孩子,有一天你一定会面临要么逃离日本,要么拿一把AK-47的选择。

说句题外话,我现在正在让我的女儿们学习中文,而不是日语。因为我觉得她们将来听到日语的机会将少之又少。我甚至觉得有一天在日本可能要说英语或中文。当然,我并不希望这一天真会到来。

要想激活潜能,日本唯有依靠具有创新精神的企业家

罗杰斯:前面,我提到了农业发展的可能性。但要真正激活日本及日本人的潜能,必须打破现有框架,必须要有一批敢于大胆尝试、勇于创新的人。说到这里,或许不少人会想到比尔·盖茨或是史蒂夫·乔布斯这类年轻人,但创业绝非年轻人的专利。一边在公司上班,一边创业也未尝不可。

Q:日本有这样一句谚语——"枪打出头鸟"。

罗杰斯:这句话不仅日本有,全世界都有。

Q:是的。若是在美国或新加坡,创新已经深入人心,但在日本恐怕未必受到欢迎。

罗杰斯:不要忘了,日本过去也是一样。像本田宗一

郎、盛田昭夫，他们不就是所谓的"出头鸟"吗？此外，还有很多默默无闻的贸易公司和金融公司的职员，他们中也有不少创新人才。

但当这些人退出历史舞台之后，接替他们的人中就没人想当"出头鸟"了，这或许是日本创新人才相对缺乏的缘故。

当今世界最具创新精神的大国恐怕非中国莫属。中国每年培养的工程师人数是美国的十倍。而要培养出十倍于美国的工程师，中国政府的投资力度可想而知。不仅如此，中国有很多年轻人想成为工程师，很多青年才俊都将工程师定为自己的人生目标。

但在美国，可能日本也是如此，更多的年轻人想成为律师或医生。可能他们觉得，律师或医生比工程师的收入更高吧。因此，那些本能成为优秀工程师的年轻人最终却选择了另外一条路。我认为这对于一个国家而言是一种损失。

当然，我说中国每年培养出的工程师是美国的十倍，并不是说他们培养出来的个个都是精英。不过他们之中确实诞生了创造出阿里巴巴、腾讯、百度、华为等企业的一批杰出人才，我想未来他们还会创造出更大成就。

毫无疑问，中国超越美日，成为技术大国早已成定局。

旅游和医疗是日本
最具竞争力的优势领域

Q：对技术立国的日本而言，局势不容乐观。

罗杰斯：但只要转换视角，日本的出路还是有很多的。我刚才所举的农业领域也是如此，最近旅游业正成为日本的重要产业。30年前，大概不会有人考虑来日本旅游。最大的原因就是，日元汇率高涨且旅费和食宿费高昂。此外，当时与日本旅游相关的基础设施尚不完备。

从那时到现在，日本发生了两个变化。其一，日元贬值降低了旅游成本。其二，京都等日本的旅游景点开始大量接待外国游客。北海道和东京也意识到外国旅客的重要性，为迎接外国游客，不断改善旅游环境。在日本政府积极地努力下，终于打造出一个巨大的旅游市场。

特别是亚洲人开始关注日本的旅游市场。据说中国有4亿出境游客对于日本怀有兴趣。加之日元贬值，前往日本的游客人数变得越来越多。同样，韩国人和东南亚人也被日本的魅力所俘获，游客蜂拥而至。实际上，很多赴日游客都是回头客，他们不仅体验到了日本的四季、饮食和文化，还赞叹日本人的待客之道。

事实也确实如此。由于日本的旅游资源极具吸引力，而且又与新加坡同在亚洲，随着日本旅游市场的崛起，前往以观光业立国的新加坡的游客数量反而停滞不前。

我建议，全世界的人，特别是那些立志从政的人，一定要去广岛看看。希望他们能够知道原子弹爆炸这个人类历史上的悲剧。

Q：您觉得医疗产业，特别是面向老年人的医疗服务今后会如何发展呢？

罗杰斯：很明显，医疗领域这个市场今后会不断扩大。我想日本政府今后也不会减少医疗费用的支出。因为那些政治家要顾及老龄人群的利益，自然不会削减相关预算。除了老年人，上班族也很关心医疗领域，他们中的不少人会在健康上支出大笔开销，因此今后的医疗、健康领域会成为一个理想的投资领域。

此外，随着老龄人口的不断增加，养老护理的需求也会不断扩大，不仅在日本，在世界各国这一产业都将飞速发展。而日本的人口老龄化问题一直走在世界的前列。随着"人生100年时代"的到来，除了人们已经熟知的护理机器人以外，还会诞生帮助宠物或老年人洗澡的护理用具、与护理担保等相关的金融产品，我想日本将在这些方面引领世界。

只是，老龄人口不断增加的同时，年轻人不断减少，如何确保这一领域拥有足够劳动力将成为最大的问题。

Q：确实如此。日本政府也考虑过接收外国劳动力，但必须面对掌握程度较高的日语等问题，门槛很高。

罗杰斯：前面，我曾建议日本政府推行移民政策来拯救日本，因此日本在护理行业制定严格的标准，并不会令我感到惊讶。日本一向对外国人冷漠，这一做法似乎理所当然。

据说有家医疗机构计划招收菲律宾籍的护理人员，但日本政府并不承认这一计划，于是他们不得不搬到菲律宾，在那里向日本人提供医疗服务。未来，像这样虽然面向日本人提供服务，但建在国外而非日本的养老中心可能会大量出现。只要是和式的房间，有米饭有筷子，气氛便与日本无异。如此一来老年人在那里就能像在日本一样生活。

MMT 是极其
愚蠢的理论

Q：换一个话题，您对最近热议的 MMT㊀怎么看呢？

罗杰斯：我认为这是极其愚蠢的理论。不过，当经济发展停滞不前时，不论多么愚蠢的想法，只要信奉者一多，它就会立刻传开。选举也一样，满口胡说八道反而赢得大选的也大有人在。

我想用不了多久，包括常春藤大学在内的众多一流名校也会将 MMT 纳入课程讲授。之后，社会上讨论 MMT 的人也会越来越多。因为一旦经济停滞、陷入发展困境，人们自然而然就希望能找到一位白马骑

㊀ MMT 指现代货币理论（modern monetary theory），原书中直接引用了英文简称。——译者注

第 3 章
20 年后或许将上演现实版的"日本沉没"

士,只要将其视为救世主,所有的问题便迎刃而解。像唐纳德·特朗普、印度的莫迪,甚至日本的安倍晋三,他们扮演的都是大家心中的救世主形象。形势越恶化,人们越会将糟糕的理论奉为圭臬。

计划经济过去也被人们视为救世主。只要政府管控所有的资金,人们就可以实现同等富裕和幸福。不少人对此坚信不疑。

然而,这个做法正确与否,只要看一眼 20 世纪 80 年代的苏联以及古巴的情况便不言而喻。现在的 MMT 与此如出一辙,很多人将其视为药到病除的良方。

但事实上,了解 MMT 内涵的人并不多。虽然人们为之狂热,但没几个人能真正理解这套理论。

不过,回首过去五十到一百年,却能发现有不少政治家如同飞蛾扑火一般扑向一个又一个荒唐的理论,并不遗余力地推行它们。

Q：稍微换一个话题，您对东京奥运会怎么看呢？

罗杰斯：可以明确的是，奥运会从没给国民带来过经济上的好处。申请和举办奥运会，可以为政治家赢得选票。同时，也可以让赞助商、建筑等相关行业从中获利。但历史上从未有过因举办奥运会而成功摆脱困境的国家，这是无可争议的事实。

因为举办奥运会必定会增加债务，羊毛出在羊身上，最终这些债务还得由国民买单。虽然政治家不断宣称"奥运会对日本来说是一个绝佳的机会"，但它根本不可能挽救日本。与其担心奥运会能否举办，我想日本国民更应该担心一下奥运会之后的债务问题。

我若是日本的政治家，将率先着手应对少子化和移民问题

Q：如果您是日本的政治家，会推行什么样的政策呢？

罗杰斯：若我是日本政治家，我将率先着手应对少子化问题。譬如，如何提高女性的生育意愿，如何投入更多的预算等。

同时，我会立刻对日本的财政进行整改。目前，日本财政预算中的年度支出远高于年度收入。发行国债已成为新常态，财政赤字年年增加。我已经多次指出，这种状况不可能永远持续下去。

若如此下去，即便财政不崩溃，社会经济也会崩溃。若没有稳健的财政，迟早有一天国债的利率会暴涨，日元会急剧贬值。到那时，日本国民便很难再过

上当前这样的富裕生活。因此，不必要的财政支出必须果断削减。

我还会着手制定移民政策。比如，如何让日本像新加坡一样，吸引到那些拥有高超技术水平的外国移民。若能把这些优秀的外国人才引入日本，或许能在一定程度上缓解日本的老龄化问题。同时，那些拥有各种奇思妙想的外国人来到日本，或许还能带来种种"变革"，进而将日本打造成一个富于创新的社会。

综上，如果我在日本施政，我会不遗余力地制定应对少子化和移民问题的相关政策。

第 4 章

THE GREAT PREDICTION OF JIM ROGERS

用世界通用的常识
思考人生规划和投资战略

在海外，人们比
日本人更加致力于教育

Q：接下来想请教您一些关于人生以及教育、如何和钱打交道的问题。首先是教育方面。作为一位洞悉海外时局的经济学家，您是如何看待日本的教育的？

罗杰斯：日本人自古以来就非常重视教育，家长们都在教育上下了很大功夫，而且至今仍是如此。我听说就连从不轻易花钱的日本家长，在孩子的教育问题上也会毫不吝惜地投资。

毫无疑问，教育很重要。但教育并不等同于学历。我想许多日本人也都认为好的教育，就是上好学校、进好大学吧。但上好学校、进好大学也确实没有什么错。我也教导我的女儿们"要好好学习，取得好成绩"。但是，在这之后我还说了这句话："并不是取得好成绩就能够成功。"确实，如果能够取得好成绩进入好大学的话，会有更多的机会，人生的选择也会更加丰富吧。也可能会认识很好的朋友。

但是，我认为能否拥有好的人生、能否拥有成功的人生与学历无关。毕业于东京大学的人，就都过上幸福生活了吗？没能拥有幸福人生的人也不在少数吧。我毕业于耶鲁大学，在牛津大学留学。这两所学校都是举世闻名的名牌大学，但我也没怎么听说过有人因为是这两所大学的毕业生而大获成功的。

所以，我在自己对孩子的教育是否正确这一方面并没有信心。现在我正在全力支持我的孩子们做自己想做的事情，以及让她们学习外语。

Q: 关于金钱和投资，有什么需要尽早教给孩子们的吗？

罗杰斯：如果望子成龙的话，家长不应该为孩子做选择，而是应该支持孩子找到自己的热情所在。如果喜欢足球的话，可以送他去足球俱乐部；如果想演奏乐器的话，可以让他去上音乐辅导班。

我并没有特意跟女儿们讲有关钱和投资的事。我想如果将来她们对此感兴趣、想向我请教的话，我再给她们建议也不迟。

但我想分享一个关于钱的小故事。在我大女儿14岁的时候，我对她说，"出去找工作吧"。在那之前，她帮忙做家务的话我会给她零花钱，但我觉得她也到该经历一下外出工作的时候了。

我以为她找的会是麦当劳时薪8美元的兼职，但她居然找到了一份教中文，时薪25美元的工作。也许是我这个当爸爸的糊涂吧，女儿比我想象的聪明得多。在这之后，我们就基本不给孩子们零花钱了。想要钱的话，就去工作赚钱。我就是这样教育孩子的。

可能说这话有点早，但我并不打算留很多遗产给我的孩子们。至少在她们40岁之前我不打算让她们拿到遗产。这是因为我希望她们能够开创自己的人生、自力更生地经营自己的生活。我相信这是过上幸福人生的最好途径。在自家孩子的教育问题上，我始终注意着这一点。

外语能力在全球化的社会中将是强大的武器

Q：刚才您说正在让自己的孩子们学习外语，外语能力果真将成为一种优势吗？

罗杰斯：我特别后悔自己在年轻的时候没有认真学习外语。掌握多门外语的话，就能够获得更多的信息，如果能够加之以正确的分析，就能够在商业上获得更大的成功。所以，我希望大家，特别是年轻人能学习外语。

我决定从美国移居新加坡的原因之一，就是希望我的两个女儿除了英语之外还能掌握中文。现在世界的通用语言是英语，但我在二十多年前就坚信，将来中文的影响力一定会越来越大。那时我在美国，正考虑让我的女儿们学习中文。在那时我意识到她们的中文无法达到我所期望的水平，所以我们决定举家移居到新加坡。我觉得在一个中文环境里提高中文水平会更有效。

我们移居新加坡已经十多年了，现在我女儿们的中文都讲得十分流利。如果要移居到中文圈的话，我认为加拿大的温哥华和中国台湾都是不错的选择。

Q：除了中文，别的语言呢？

罗杰斯：我认为中文是最好的，但当然别的语言也可以。首先，掌握英语是很重要的。已经掌握了英语的人，可以再学中文或者西班牙语。西班牙语是很多国家的母语。

以前法语是世界通用语言，但现在法语的地位大幅下降。很遗憾，日语也是如此。以前在亚洲各国，日语有压倒性的人气，而现在中文却远远超过了日语。

在全球化经济时代,国际贸易的机会急剧增加。尤其是在人口减少、国内市场不断缩小的日本,如果无法占据海外市场,就无法经营生意。因此,学习外语已经成为不可或缺的当务之急了。

考虑到今后亚洲的发展,我认为日本人除了中文外,也应该学习韩语和俄语。

海外投资对于正在走向贫困的日本来说是不可或缺的

Q：您自始至终一直在强调要放眼海外。

罗杰斯：虽然日本现在还是一个能让人安居乐业的国家，但遗憾的是，今后日本必然会走向贫困。这是因为在日本财政赤字愈发严重的同时，日本银行采取宽松的货币政策不断印钞，将来日元必然会贬值。

我建议大家趁着日元尚未贬值，应该尽快将财产转移到海外。现在那些财力丰厚的日本老年人，基本都是在日元升值时出生的。所以只要拿着日元，财产的价值就会增加。因此持现金增值的行为并没有什么大错。

但是，今后我们必须在考虑日元贬值的基础上采取行动，也必须防范通货膨胀。虽说日本已经陷入了财政危机，但即便没有身陷危机日本也无力偿还财政赤字。历史上有许多因财政赤字而陷入绝境的例子，它们都没能弥补赤字，无一例外。比如，波旁王朝时期的法国、战败后的日本，以及离我们较近的苏联。它们都遭受了严重的通货膨胀的打击，国民的财产价值也损失惨重。

或许不少人指望用日元理财或依靠养老金，但越是这样的人损失越大。即便能够按照面额领取回报或养老金，但日元贬值与通货膨胀会使其实际价值大幅缩水。苏联在财政破产之后，严重的通货膨胀使得养老金也几乎失去了它的价值。

20世纪八九十年代，普通国民向海外投资的门槛还比较高。但现在能够很简单地开设海外账户，怕麻烦的人也可以投资海外的股票和债券ETF基金。

Q：越来越多的日本人想移居海外。

罗杰斯：是啊，听说你在新加坡做着帮助日本人移居海外的工作。移居海外的话，需要有一定的资产，但可以先试试在海外工作。这样的话，门槛也没那么高。

在新加坡工作的日本人有很多，在中国工作的日本人也不少。我觉得住在日本的人，是有必要尽早具备海外生活经验的。置身日本之外来看待日本，客观地认识自我是非常重要的。这不仅能够拓展投资与资产管理的视野，还能够拓宽人生的视野。

人生100年时代，我们应该如何规划人生

罗杰斯：考大学时，我选择了一所离家1500公里的大学。大学毕业后，我又远渡重洋赴英国留学。正是这些决定造就了今天的我。这些异于故乡的风景和价值观，开拓了我的视野。

英国的诺贝尔文学得主吉卜林在其《英国旗》的诗中写道："只知道英国的人又了解英国的什么呢？"我也深以为然。就像没有镜子就无法知道自己的容貌一样，只有置身其外客观地看待自己，才能真正了解自己。

Q：人生100年时代正在到来，年轻时的经验比以前更重要了。

罗杰斯：在现代，特别是二战后，许多国家的人均寿

命得以延长，开启了人生 70 年时代。若以此规划人生的话，可能是这样的：学到 20 岁，再学以致用工作到 60 岁，之后依靠工作时攒下的积蓄活到 70 岁。但到了人生 100 年时代，退休年龄将延长至 70 岁或 75 岁，这样的话，年轻时的经验积累就更为重要了。

我刚才说过，越是年轻人越应该学习外语，年轻时涉猎越广，掌握技能越多，工作时的选择就越多，收入可能也越高。

正如我在不同场合讲的那样，我认为晚婚晚育比较好。实际上，我告诉我的女儿们不到 28 岁就不要结婚。这是因为许多人在 20 岁出头时还一无所知。几乎没人清楚自己想要什么样的人生，什么样的伴侣才适合自己。我认为想要拥有成功人生，就应该等到能够真正了解自己、明白事理后再结婚。

抚养子女也需要花费大量时间与精力，因此我认为年轻时不应该在这件事上浪费宝贵的时间，而应该将时间与精力倾注于拓宽自己的知识面、提升自身技能上。

但是，我并不是劝大家不要生孩子。孩子真的很可爱，与她们共处的时光非常幸福。许多人都说，孩子改变了自己的人生，我现在就在体会这句话的深刻含义。

我只是建议，不要太着急要孩子。第一个孩子出生是在我60多岁的时候。如果30岁就有了孩子，恐怕我很难体会到现在这种幸福感。那时我正沉迷于投资，投入了大量时间和精力。因为想做的事情实在太多了，如果此时与孩子共处只会徒增负担，我想不论孩子、孩子的母亲还是我都不会因此而感到幸福。

投资的原则非常简单，就是"低买高卖"

Q：接下来想请您给我们一些投资方面的建议。对于谨慎的日本人，您有什么建议吗？

罗杰斯：首先，我想告诉他们别那么犹豫不决。虽然投资没什么"必胜"的法则，但也不难。简单来说就是"低价买入，高价卖出"。

这句话听上去简单，但做起来很难。因为绝大多数人只盯着牛市，却对熊市漠不关心。大家想想自己是不是这样。特别是日本人，看到牛市行情股价走高，过一段时间才跟风进入股市。这是不行的。

我的做法正好相反，我经常关注熊市，看哪些股票正在触底。当人们狂热的时候，我反而会冷静下来，寻找那些大家都不注意的低价股。

1973年，我和乔治·索罗斯共同创建对冲基金，投资了比较便宜的股票和商品。这些投资大获成功，10年内回报率高达4200%。因此"低买高卖"并没有那么难。东日本大地震时我买入了因恐慌而遭到抛售的日本股票，它们确实为我带来了不少收益。2019年当安倍政府决定增加消费税时，我卖出了大量手中持有的日本股票，不过现在我又开始关注它们了。

此外，我还投资了津巴布韦，但津巴布韦元遭遇严重的通货膨胀，2015年被废止，一度混乱至极。我认为5年或10年之后这一投资的回报也会相当可观。

我已经重复多遍，日本的耕地十分廉价，现在几乎已经接近最低价。如果允许投资的话，我会毫不犹豫地购买。

不仅日本，我认为全世界的农业都极具潜力，充满了投资机会。特别是日本农业人口的老龄化十分严重，缺少竞争。若能够制定相关战略，吸引更多的年轻人参与进来，前景将非常乐观。

同时，移民也不失为振兴农业的一个手段。当然也可以让退休的人进入农业领域继续工作。日本的农产品至今享誉世界，但问题的关键在于如何提高生产效率，开拓全球市场。

置身日本的人很难意识到，日本的农地被长期廉价搁置。因此我建议有实力的人，现在应该投资日本的农业。

投资成功的法则①
——拼命工作积累财富

Q：除了"低买高卖"，您还有其他建议吗？

罗杰斯：首先要学会存钱、积累资本。财富并非与生俱来，特别是年轻人，他们手中的资产十分有限。因此我建议应该先努力工作，通过工作上的成功积累资本。

尽管每个人都想一夜暴富，但这绝非易事。因此我的下一条建议就是，要学会等待投资的时机。一个成功的投资家，往往懂得将大部分时间用于等待，除此以外不做任何事。当时机到来时果断投资，之后继续等待。

投资成功的法则②——成为某个领域的专家,扩大知识储备

罗杰斯:下一条建议是,充分研究自己将要投资的领域,直到成为这个领域的专家再开始投资。大多数人会盲目根据电视、网络上的信息,比如看到"苹果股价很便宜""能涨到3万美元"就开始投资,但赚钱并不是那么简单的事。

投资领域可以根据自己的喜好,时尚、汽车、运动、美食什么都行。如果你对时尚感兴趣,可以通过书籍或网络调查相关信息。然后,就是切莫只有三分钟热度,要长年累月地坚持下去。若能做到这一点,你就会自然拥有投资家的视角与投资家的思路。

当然,你可能会忍不住向亲朋好友炫耀你的想法或发现,但刚开始时先不要透露给任何人,而是要默

默地调查相关领域里有望成功的商机或企业。当然，也不能三天打鱼两天晒网，而是要持之以恒。这样你就能先于伦敦金融街和华尔街的分析家发现有望成功的商机或企业。

另外，不要购买别人建议的投资项目，投资应该基于自己的调查。我总是一个人默默地做这件事，今后应该也会这样做下去。因为过去的经验让我懂得对别人言听计从是要吃亏的。

Q：在日本，很多人认为投资是一种不劳而获，因而对此敬而远之。

罗杰斯：如果投资需要做我刚才说的那些事，你还会认为这是不劳而获吗？投资时需要花费许多时间和精力，卖出时同样如此。投资往往建立在对某个领域长期调查的基础上。要做到这一点或许要5年甚至10年的时间。所以，投资绝不是轻轻松松就能赚到钱的事。

投资成功的法则③
——谨慎投资后耐心等待

罗杰斯：若你一生仅有20次投资的机会，你一定会对投资更加谨慎，不会四处盲目投资。投资之前，我想你一定会充分调查到自己觉得万无一失为止。这才是所谓成功的投资，即投资前充分调查，然后谨慎行事。

还有一条建议非常重要。那就是卖掉股票后要学会及时收手。通常情况下，投资结束后，人们会立刻开始新的投资。特别是在大赚一笔、骄傲自满时，更要学会见好就收。

不要立刻将目光转向下一笔交易，而是要一以贯之，盯住眼前这笔交易。学会静下心来等待，利用这个时间开始重新学习，等新的时机到来再谨慎投资。但很多人缺少耐心而急于出手，所以失败。无论如何都等不及的话，我建议你不如去海滩悠哉地喝点儿啤酒。

实际上，"学会等待"也是投资者成功的重要因素。对投资者而言，很重要的一点就是大多数时候能够沉下心来静观其变。

根据我多年的经验，刚获利后，下一个好的投资机会绝不会立刻出现。所以要静下心来耐心等待。这就是我为什么要说你的人生中仅有20次投资机会。因为这样你就能心平气和地等待下一次投资机会的到来。

投资金银是应对
不安时代的正确做法

罗杰斯：我从 2019 年夏天就开始买入黄金，之后也在继续购入。我认为应该有更多的人来投资金银。

就像我们每个人都必须上医疗保险和人寿保险一样，每个人也应该持有金银来作为投资组合的一部分。我们一辈子都不想用上医疗保险和人寿保险，但只要上了这些保险就会觉得安心，我认为金银在投资组合中也应该扮演类似的角色。

当然，只要时机成熟，投资金银也会有高收益。我认为在不久的将来，投资金银一定会有巨大的收益。因为历史上，当人们对政府失去信心时，金银的价格总会暴涨。

Q：您认为黄金的合理价格大概是多少呢？

罗杰斯：这就和问你的房子的合理价格大概是多少一样。50～60年前和现在的房价肯定天差地别，另外附近是否建有高速、火车站，房价也会迥异。因此，金银的合理价格也会受经济环境以及对政府的信赖度等影响。不过，如前所述，我认为今后黄金的价格会大幅上涨。因为对政府和货币失去信心的人会越来越多。

Q：受此次危机影响，抛售黄金的人也多了。

罗杰斯：这是好事。大家都在卖的时候正是最佳买入时机，越是这个时候我越会买入。

若想人生和投资获得成功，必须了解世界，学习历史和哲学

Q：采访已经接近尾声了。您常说学习历史与哲学非常重要，这是为什么呢？

罗杰斯：如果要在投资上取得成功，就必须放眼未来，与未来对话。因此，对历史的了解会成为有力的武器。

马克·吐温曾说："历史总是惊人地相似。"正如这句至理名言所说，历史就像韵律一样，总会以略微改变了的形态再次出现。与过去发生过的相似的事，未来一定会再次发生。

因此，如果了解过去发生过的事就能够以史为鉴。未来大多是现在的延伸，当然也有意外的情况。了解了历史，这时我们就能够从容应对。学习历史就

是了解人类自身，也就是了解危机。

我在教孩子们历史的时候经常告诫她们，不要只依赖同一个信息渠道，而应该同时参考多家媒体。比如电视，就应该广泛涉猎BBC、NHK以及中国新闻等。另外，中东的半岛电视台也是个不错的信息来源。

我们必须广泛收集信息并且要学会将这些碎片化的信息拼凑完整。如果你只阅读美国的二战记载，那么你所获得的信息无疑是片面的，因此你还应该读一下日本或俄罗斯的相关记载。从各种各样的信息中了解并还原历史。为什么不能只依据单一的信息来源呢？因为所有历史都是站在本国立场上写的。

另外，学习哲学也非常重要。哲学是一门关于人类本质与社会本质的学问。要想了解未来，就必须了解人类。所以，学习历史、阅读文学作品、观看电影和戏剧、了解人类是至关重要的事情。

后 记

THE GREAT PREDICTION OF JIM ROGERS

日本人今后需要更好地认清现实、居安思危、积极行动

后 记
日本人今后需要更好地认清现实、居安思危、积极行动

2019 年，东洋经济在线刊载了我的一篇文章，题目是《我若是日本人，要么逃离日本，要么学会用 AK-47（自动步枪）》，这篇文章在日本引起了极大的反响。

虽然我的这个观点也遭到了一部分人的反对，但绝大多数日本人表示认可，他们也同意我的观点。

正如我在本书中指出的那样，日本现在不仅面临着巨额财政赤字问题，少子老龄化问题也日趋严重。这样下去结果会怎么样，我想大家一定都很清楚。

如果照此下去，日本必将陷入通货膨胀与货币贬值的危机，变得比现在更加贫穷。经济上匮乏的社会又势必会导致人心惶惶以及社会秩序的混乱。这种状况已经在世界其他国家反复上演过多次了。

在这次新冠肺炎疫情引起的骚动中，对亚洲人的歧视情绪不断高涨，据说许多美国的少数族裔居民都争相购买枪支用以防身。

即便如此，很多日本人仍然认为日本是个特例。倘若果真如此倒也罢了，可是，回顾一下过去历史上发生过的案例，我还是会不由自主地为日本担心起来。

我在本书中阐述了自己对于日本现状的一些看法。有的观点，如应对少子化问题以及减轻财政赤字等，过去谈论的人也很多。但我在这里想说的是，对于现在的日本人而言，最重要的是应该放眼世界，学会从外部去客观地审视自己的国家。希望每一个日本人都能有机会到国外去走一走、看一看，重新认识自我。

危机总是在不经意间到来。就像被按压的枝条，力度一旦达到临界点，就会折断。希望大家能在临界点到来之前就行动起来。最好现在就行动起来。

希望每一位读者都能够通过本书有所发现，有所担忧，有所行动。

吉姆·罗杰斯

主编介绍

花轮阳子

（日本）国家一级财务规划师、国际金融理财师。曾任职于外资投资银行，后作为独立的财务顾问（FP）。2015年移居新加坡。在东京和新加坡两地担任金融理财培训讲师。代表作有《如何在少子老龄化社会中安度晚年：我在新加坡见到的日本未来发展模式》（讲谈社＋α新书）、《夫妻二人如何攒下1亿日元！》（钻石社）等。同时，她还是一个帮助在国外居住的日本人解决金融理财问题的网站的运营者。

亚历克斯·南－雷德黑德

1984年生。18岁前在日本生活。毕业于波士顿塔夫茨大学的心理学和数学专业。精通日语和英语。任职于新加坡的一家家族理财办公室（Multi-Family Office）——蒙特拉谢资本（Montrachet Capital），负责向亚洲富豪提供金融理财以及海外移民方面的咨询服务。曾在雷曼兄弟、野村证券以及瑞信证券担任过债券分析师，向位于东京和纽约的全球主要金融机构出售政府债、抵押产品、公司债、债券衍生品等。

作者介绍

吉姆·罗杰斯

1942年出生于美国亚拉巴马州。从耶鲁大学和牛津大学的历史系毕业后，在华尔街工作。与乔治·索罗斯共同创建量子基金，十年间的收益率高达4200%。37岁引退后，在哥伦比亚大学教授金融学的同时，还担任多家电视台和广播台的评论员。2007年移居新加坡。与沃伦·巴菲特、乔治·索罗斯并称为世界三大投资家。代表作有《冒险投资家吉姆·罗杰斯：摩托车环球纪行》《冒险投资家吉姆·罗杰斯：世界大发现》（均由日本经济新闻社出版）、《以资金的流向来解读日本和世界的未来》(PHP新书)、《对日本的忠告》(讲谈社+α新书) 等。

推荐阅读

序号	书号	书名	作者	定价
1	30250	江恩华尔街45年（珍藏版）	（美）威廉 D. 江恩	36.00
2	30248	如何从商品期货贸易中获利（珍藏版）	（美）威廉 D. 江恩	58.00
3	30247	漫步华尔街（原书第9版）（珍藏版）	（美）伯顿 G. 马尔基尔	48.00
4	30244	股市晴雨表（珍藏版）	（美）威廉·彼得·汉密尔顿	38.00
5	30251	以交易为生（珍藏版）	（美）亚历山大·埃尔德	36.00
6	30246	专业投机原理（珍藏版）	（美）维克托·斯波朗迪	68.00
7	30242	与天为敌：风险探索传奇（珍藏版）	（美）彼得 L. 伯恩斯坦	45.00
8	30243	投机与骗局（珍藏版）	（美）马丁 S. 弗里德森	36.00
9	30245	客户的游艇在哪里（珍藏版）	（美）小弗雷德·施韦德	25.00
10	30249	彼得·林奇的成功投资（珍藏版）	（美）彼得·林奇	38.00
11	30252	战胜华尔街（珍藏版）	（美）彼得·林奇	48.00
12	30604	投资新革命（珍藏版）	（美）彼得 L. 伯恩斯坦	36.00
13	30632	投资者的未来（珍藏版）	（美）杰里米 J. 西格尔	42.00
14	30633	超级金钱（珍藏版）	（美）亚当·史密斯	36.00
15	30630	华尔街50年（珍藏版）	（美）亨利·克卢斯	38.00
16	30631	短线交易秘诀（珍藏版）	（美）拉里·威廉斯	38.00
17	30629	股市心理博弈（原书第2版）（珍藏版）	（美）约翰·迈吉	58.00
18	30835	赢得输家的游戏（原书第5版）	（美）查尔斯 D. 埃利斯	36.00
19	30978	恐慌与机会	（美）史蒂芬·韦斯	36.00
20	30606	股市趋势技术分析（原书第9版）（珍藏版）	（美）罗伯特 D. 爱德华兹	78.00
21	31016	艾略特波浪理论：市场行为的关键（珍藏版）	（美）小罗伯特 R. 普莱切特	38.00
22	31377	解读华尔街（原书第5版）	（美）杰弗里 B. 利特尔	48.00
23	30635	蜡烛图方法：从入门到精通（珍藏版）	（美）斯蒂芬 W. 比加洛	32.00
24	29194	期权投资策略（原书第4版）	（美）劳伦斯 G. 麦克米伦	128.00
25	30628	通向财务自由之路（珍藏版）	（美）范 K. 撒普	48.00
26	32473	向最伟大的股票作手学习	（美）约翰·波伊克	36.00
27	32872	向格雷厄姆学思考，向巴菲特学投资	（美）劳伦斯 A. 坎宁安	38.00
28	33175	艾略特名著集（珍藏版）	（美）小罗伯特 R. 普莱切特	32.00
29	35212	技术分析（原书第4版）	（美）马丁 J. 普林格	65.00
30	28405	彼得·林奇教你理财	（美）彼得·林奇	36.00
31	29374	笑傲股市（原书第4版）	（美）威廉·欧奈尔	58.00
32	30024	安东尼·波顿的成功投资	（英）安东尼·波顿	28.00
33	35411	日本蜡烛图技术新解	（美）史蒂夫·尼森	38.00
34	35651	麦克米伦谈期权（珍藏版）	（美）劳伦斯 G. 麦克米伦	80.00
35	35883	股市长线法宝（原书第4版）（珍藏版）	（美）杰里米 J. 西格尔	48.00
36	37812	漫步华尔街（原书第10版）	（美）伯顿 G. 马尔基尔	56.00
37	38436	约翰·聂夫的成功投资（珍藏版）	（美）约翰·聂夫	39.00

推荐阅读

序号	书号	书名	作者	定价
38	38520	经典技术分析（上册）	（美）小查尔斯 D. 柯克帕特里克	69.00
39	38519	经典技术分析（下册）	（美）小查尔斯 D. 柯克帕特里克	69.00
40	38433	在股市大崩溃前抛出的人：巴鲁克自传（珍藏版）	（美）伯纳德·巴鲁克	56.00
41	38839	投资思想史	（美）马克·鲁宾斯坦	59.00
42	41880	超级强势股：如何投资小盘价值成长股	（美）肯尼思 L. 费雪	39.00
43	39516	股市获利倍增术（珍藏版）	（美）杰森·凯利	39.00
44	40302	投资交易心理分析	（美）布雷特 N. 斯蒂恩博格	59.00
45	40430	短线交易秘诀（原书第2版）	（美）拉里·威廉斯	49.00
46	41001	有效资产管理	（美）威廉 J. 伯恩斯坦	39.00
47	38073	股票大作手利弗莫尔回忆录	（美）埃德温·勒菲弗	39.80
48	38542	股票大作手利弗莫尔谈如何操盘	（美）杰西 L. 利弗莫尔	25.00
49	41474	逆向投资策略	（美）大卫·德雷曼	59.00
50	42022	外汇交易的10堂必修课	（美）贾里德 F. 马丁内斯	39.00
51	41935	对冲基金奇才：常胜交易员的秘籍	（美）杰克·施瓦格	80.00
52	42615	股票投资的24堂必修课	（美）威廉·欧奈尔	35.00
53	42750	投资在第二个失去的十年	（美）马丁 J. 普林格	49.00
54	44059	期权入门与精通（原书第2版）	（美）爱德华·奥姆斯特德	49.00
55	43956	以交易为生II：卖出的艺术	（美）亚历山大·埃尔德	55.00
56	43501	投资心理学（原书第5版）	（美）约翰 R. 诺夫辛格	49.00
57	44062	马丁·惠特曼的价值投资方法：回归基本面	（美）马丁·惠特曼	49.00
58	44156	巴菲特的投资组合（珍藏版）	（美）罗伯特·哈格斯特朗	35.00
59	44711	黄金屋：宏观对冲基金顶尖交易者的掘金之道	（美）史蒂文·卓布尼	59.00
60	45046	蜡烛图精解（原书第3版）	（美）格里高里·莫里斯、赖安·里奇菲尔德	60.00
61	45030	投资策略实战分析	（美）詹姆斯·奥肖内西	129.00
62	44995	走进我的交易室	（美）亚历山大·埃尔德	55.00
63	46567	证券混沌操作法	（美）比尔·威廉斯、贾丝廷·格雷戈里-威廉斯	49.00
64	47508	驾驭交易（原书第2版）	（美）约翰 F. 卡特	75.00
65	47906	赢得输家的游戏	（美）查尔斯·埃利斯	45.00
66	48513	简易期权	（美）盖伊·科恩	59.00
67	48693	跨市场交易策略	（美）约翰 J. 墨菲	49.00
68	48840	股市长线法宝	（美）杰里米 J. 西格尔	59.00
69	49259	实证技术分析	（美）戴维·阿伦森	75.00
70	49716	金融怪杰：华尔街的顶级交易员	（美）杰克 D. 施瓦格	59.00
71	49893	现代证券分析	（美）马丁 J. 惠特曼、费尔南多·迪兹	80.00
72	52233	缺口技术分析：让缺口变为股票的盈利	（美）朱丽叶 R. 达尔奎斯特、小理查德 J. 鲍尔	59.00
73	52601	技术分析（原书第5版）	（美）马丁 J. 普林格	100.00
74	54332	择时与选股	（美）拉里·威廉斯	45.00
75	54670	交易择时技术分析：RSI、波浪理论、斐波纳契预测及复合指标的综合运用（原书第2版）	（美）康斯坦丝 M. 布朗	59.00
	13303	巴菲特致股东的信		